WOLFGANG MERZ

Der Beitrag der Finanz- und Geldpolitik zum Konjunkturaufschwung 1982/83

Untersuchungen über das Spar-, Giro- und Kreditwesen

Abteilung A: Wirtschaftswissenschaft

Herausgegeben von

G. Ashauer, W. Ehrlicher, H.-J. Krümmel

Band 153

Der Beitrag der Finanz- und Geldpolitik zum Konjunkturaufschwung 1982/83

Von

Wolfgang Merz

Duncker & Humblot · Berlin

Die Deutsche Bibliothek – CIP-Einheitsaufnahme

Merz, Wolfgang:
Der Beitrag der Finanz- und Geldpolitik zum Konjunkturaufschwung 1982/83 / von Wolfgang Merz. – Berlin : Duncker und Humblot, 1994
(Untersuchungen über das Spar-, Giro- und Kreditwesen : Abt. A, Wirtschaftswissenschaft ; Bd. 153)
Zugl.: Freiburg (Breisgau), Univ., Diss., 1993
ISBN 3-428-08025-4
NE: Untersuchungen über das Spar-, Giro- und Kreditwesen / A

Fremddatenübernahme: SiB Satzzentrum in Berlin GmbH, Berlin
Druck: Color-Druck Dorfi GmbH, Berlin
Printed in Germany

ISSN 0720-7336
ISBN 3-428-08025-4

Inhaltsverzeichnis

Tabellenverzeichnis

Abbildungsverzeichnis

Übersichtsverzeichnis

Problemstellung

Der Ende 1982 einsetzende Konjunkturaufschwung hielt — falls man den Auslastungsgrad des gesamtwirtschaftlichen Produktionspotentials als Referenzgröße wählt — bis zum Jahre 1992 in den alten Bundesländern an: erst Ende 1992 war eine deutliche konjunkturelle Abschwächung in Westdeutschland zu verzeichnen. Die folgende Untersuchung greift die Frage auf, welchen Beitrag die Finanzpolitik[1] und die Geldpolitik zu diesem Konjunkturaufschwung geleistet haben. Sie konzentriert sich hierbei auf die konjunkturelle Umkehrbewegung Ende 1982. Auf den weiteren Konjunkturverlauf wird nur insofern eingegangen, als sich hieraus Rückschlüsse für die Untersuchung ziehen lassen.

Der Untersuchungsgegenstand ist in mehrfacher Hinsicht wissenschaftlich aufschlußreich:

Die Finanz- und die Geldpolitik befanden sich Anfang der achtziger Jahre in einer schwierigen Situation. Der konjunkturpolitische Handlungsspielraum beider Politikbereiche war stark eingeengt. Für die Finanzpolitik waren die Grenzen einer zusätzlichen Nettoneuverschuldung angesichts eines hohen Schuldenstandes mit entsprechend beträchtlichen Zinsverpflichtungen sehr eng gezogen. Die Geldpolitik war in Anbetracht außenwirtschaftlicher Ungleichgewichte kaum in der Lage, ihre Politik an den binnenwirtschaftlichen Erfordernissen auszurichten.

Die skizzierten Schwierigkeiten wurden insbesondere für die Finanzpolitik auch dadurch hervorgerufen, daß die wirtschaftliche Entwicklung seit Mitte der siebziger Jahre stark vom Wandel der gesamtwirtschaftlichen Rahmenbedingungen geprägt war. So kam es neben den „traditionellen" kurzfristigen Nachfragestörungen immer stärker zu strukturellen — und damit längerfristig angelegten — Angebotsstörungen. Daneben beurteilten die privaten Wirtschaftssubjekte nicht nur die Erfolgschancen konjunkturpolitischer Eingriffe zunehmend skeptisch[2], sondern hatten insbesondere zu Beginn der achtziger Jahre auch tiefgreifend pessimistische Erwartungen bezüglich der weiteren wirtschaftlichen Entwicklung.

Ein weiterer Anstoß für diese Untersuchung bildete der Tatbestand, daß im Rahmen der bisherigen wissenschaftlichen Diskussion zur Rolle der Finanz- und

---

[1] Dabei steht die Budgetgestaltung von Bund, Ländern und Gemeinden im Vordergrund, so daß auf die Parafisci nicht eingegangen wird.

[2] Vgl. Leibinger (1985), S. 13-14.

Geldpolitik seit 1982 das Problem der konjunkturellen Umkehrbewegung und des diesbezüglichen wirtschaftspolitischen Beitrags nur geringe Beachtung fand. Statt dessen konzentrierten sich die Wissenschaftler auf den in Stärke und Dauer für die Bundesrepublik Deutschland vergleichsweise atypisch langen Verlauf des Aufschwungs, wobei die diesbezügliche Beurteilung des angebotsorientierten Konsolidierungskurses der Finanzpolitik einen Schwerpunkt bildete. Dabei wiesen eher nachfrageorientierte Ökonomen auf die zumindest bis 1988 beobachtbare fehlende Dynamik und den dadurch nur zögerlichen Abbau der hohen Arbeitslosigkeit hin[3], angebotsorientierte Wissenschaftler betonten hingegen die Verstetigung der wirtschaftlichen Entwicklung im Sinne eines spannungsfreien Wachstumstrends[4] und sahen die früher aufgestellte These einer primär nicht konjunkturbedingten Unterbeschäftigung bestätigt.

Der Untersuchung ist eine Analyse des Konjunkturaufschwungs 1982/83 vorangestellt. In dieser wird geklärt, wie stark der zuvor skizzierte angebots- und erwartungsseitige Wandel der gesamtwirtschaftlichen Rahmenbedingungen in der Ausgangslage des Jahres 1982 zum Ausdruck kommt, wann die konjunkturelle Umkehrbewegung einsetzte und welche makroökonomischen Aggregate an ihr beteiligt waren. Danach werden die Grundlagen für die Wirkungsanalyse dadurch gelegt, daß man Anhaltspunkte für die Stärke der von finanz- und geldpolitischen Maßnahmen induzierten Impulse ableitet und eingrenzt, welche finanz- und geldpolitischen Maßnahmen für die konjunkturelle Umkehrbewegung Ende 1982 in Betracht zu ziehen sind. Bei der Herleitung solcher Impulsindikatoren und der Eingrenzung eines derartigen „Beobachtungszeitraums" macht man sich die Ergebnisse der Analyse des Konjunkturaufschwungs in zweifacher Hinsicht zunutze. Zum einen müssen sich die Impulsindikatoren auf die aufschwungsrelevanten makroökonomischen Aggregate beziehen und entsprechend den Bedingungen der Ausgangslage nachfrage-, angebots- und erwartungsseitig differenzierbar sein. Zum anderen ist der Beobachtungszeitraum dadurch ermittelbar, daß ausgehend vom genauen Datum der konjunkturellen Umkehrbewegung die finanz- und geldpolitischen Maßnahmen nach Maßgabe der Übertragungszeiten der fiskalischen und monetären Impulse auf die aufschwungsrelevanten makroökonomischen Aggregate zurückverfolgt werden.

In der Wirkungsanalyse erfolgt die Ermittlung des konjunkturpolitischen Beitrags für die Finanz- und die Geldpolitik zunächst jeweils getrennt. Beiden Politikbereichen ist dabei eine Analyse des globalen Kurses und der speziellen Maßnahmen innerhalb des Beobachtungszeitraums vorangestellt. Deren globale und spezielle Impulse werden dadurch ermittelt, daß Zusammenhänge zwischen dem globalen Kurs bzw. den Einzelmaßnahmen und den jeweiligen Impulsindikatoren hergestellt werden. Dabei wird eine eigenständige erwartungsseitige

[3] Vgl. Krupp (1985), S. 97.
[4] Vgl. Sachverständigenrat (1987), Tz. 231 ff.

Wirkungsanalyse trotz des gleichzeitigen Einflusses von Erwartungen auf nachfrage- und angebotsseitige Impulse vorgenommen, da sich derartige Erwartungseinflüsse oft nicht eindeutig den nachfrage- oder angebotsseitigen Impulsen zuordnen lassen[5] und selbst eine mögliche eindeutige Zuordnung einem Wandel im Zeitablauf unterliegen kann[6]. Zudem legt der zu Beginn der achtziger Jahre vorhandene tiefgreifende Erwartungspessimismus der Wirtschaftssubjekte, der nicht nur aus der Konjunkturabschwächung, sondern — wie später noch verdeutlicht wird — unter anderem auch aus der allgemeinpolitischen Lage resultierte, eine eigene Analyse nahe. Außerdem kann eine eigenständige erwartungsseitige Analyse stärker auf Bestandsgrößen und auf politische Ankündigungen eingehen, da bei den nachfrage- und angebotsseitigen Analysen im Rahmen einer eher kurzfristigen Betrachtungsweise Bestandsveränderungen im Vordergrund stehen.

Anschließend werden alle Impulse vor dem Hintergrund der in der Ausgangsanalyse ermittelten nachfrage-, angebots- und erwartungsseitigen Störungen beurteilt , um die Wirkungen auf die aufschwungsrelevanten makroökonomischen Aggregate besser abschätzen zu können. Danach werden gemeinsame Einflußbereiche, die sich im Laufe der Wirkungsanalyse zwischen der Finanz- und der Geldpolitik ergeben haben, gegeneinander abgegrenzt. Da im Rahmen einer solchen ökonomischen Analyse eine exakte Ermittlung des finanz- und geldpolitischen Beitrags zum Konjunkturaufschwung Ende 1982 nicht möglich ist, soll am Schluß zur näheren Eingrenzung dieser Fragestellung noch der Beitrag derjenigen Impulse für die konjunkturelle Umkehrbewegung Ende 1982 analysiert werden, die weder von der Finanz- noch von der Geldpolitik induziert worden sind.

---

[5] Beispielsweise werden Erwartungen von Unternehmern, die ihr Investitionsverhalten entscheidend mitbestimmen, zumeist gleichzeitig von deren zukünftigen Einschätzung der Umsatz- wie auch der Kostenentwicklung beeinflußt.

[6] Dies trifft zum Beispiel auf die zunehmende Lockerung des Zusammenhangs zwischen einer Erhöhung der Staatsnachfrage und einer Erwartungsverbesserung gegen Ende der siebziger Jahre zu.

ERSTER TEIL

Analyse des Konjunkturaufschwungs 1982/83

A. Die gesamtwirtschaftlichen Rahmenbedingungen

I. Die wirtschaftliche Entwicklung in den siebziger Jahren

Zur Skizzierung der wirtschaftlichen Situation des Jahres 1982 in nachfrage-, angebots- und erwartungsseitiger Hinsicht ist es erforderlich, das letzte Jahrzehnt miteinzubeziehen, da das kürzerfristige Geschehen durch mittel- bis längerfristige Entwicklungstendenzen mitgeprägt und dementsprechend erklärbarer wird[1]. Ein derartiger Rückgriff erfolgt dabei nur im Hinblick auf die Nachfrage- und die Angebotsbedingungen, weil bei den privaten Wirtschaftssubjekten erst zu Beginn der achtziger Jahre die Erwartungskomponente und die Beurteilung der weiteren wirtschaftlichen Entwicklung stärkeres Gewicht bekamen.

In den siebziger Jahren schwächte sich der Wachstumstrend im Vergleich zu den beiden vorangegangenen Jahrzehnten deutlich ab. Diese Entwicklung setzte sich auch in der ersten Hälfte der achtziger Jahre fort. Die folgende Tabelle weist neben abnehmenden Wachstumsraten eine zunehmende Investitionsschwäche und eine Verlangsamung des gesamtwirtschaftlichen Produktivitätsanstiegs aus:

Tabelle 1: **Kennzahlen zur Wirtschaftswachstumsentwicklung (in Preisen von 1980), jährliche Zuwachsraten (in %).**

Jahr(e)	Brutto-sozialprodukt	Produktivität*	Anlage-investitionen
1951-60**	7,5	6,7	10,1
1961-70	4,5	4,3	4,4
1971-80	2,8	2,8	1,4
1981-85	1,2	1,8	-1,3

* Bruttoinlandsprodukt je Erwerbstätigen. – ** ohne Saarland und Berlin (West).

Quellen:
Institut der Deutschen Wirtschaft (Hrsg.), Zahlen zur wirtschaftlichen Entwicklung der Bundesrepublik Deutschland, Köln 1988, Tabelle 21 u. 24.
Der Bundesminister für Arbeit und Sozialordnung (Hrsg.), Statistisches Taschenbuch 1989, Bonn 1989, Tabelle 1.1 u. 1.7.

---

[1] Vgl. Bombach (1986), S. 80-81.

Die Ursachen für eine solche Verlangsamung der Wachstumsdynamik sind in einer länger andauernden Nachfrageschwäche und/oder einer längerfristigen Angebotsstörung zu suchen.

Als Indizien für eine nachfragebedingte Wachstumsschwäche in den siebziger Jahren werden in der Regel angeführt[2]: Sättigungstendenzen auf konventionellen Märkten; Präferenzwandel hin zu Bedürfnissen, denen keine Märkte gegenüberstanden; rückläufige Bevölkerungsentwicklung; Risiken für die Exportnachfrage. Daneben wird von nachfrageorientierten Ökonomen zumindest für die zweite Hälfte der siebziger Jahre auf eine zu geringe konjunkturpolitische Ausrichtung der Finanzpolitik hingewiesen[3]. Eine nähere Analyse dieser Faktoren läßt jedoch erkennen, daß man ihre Bedeutung für die siebziger und die beginnenden achtziger Jahre nicht überschätzen sollte:

Aus Tabelle 2 ergibt sich, daß die Bevölkerung nicht so stark zurückgegangen ist, um hieraus Restriktionen für die private Konsumnachfrage ableiten zu können. Außerdem ist aus ihr ein steigender Trend bei der Exportquote abzulesen, was verdeutlicht, daß die Risiken im Außenhandel die Exportnachfrage nicht beeinträchtigt haben. Ferner sind die in der weiteren Analyse angeführten Angebotsstörungen in den siebziger Jahren ein Beleg dafür, daß eine stärker konjunkturpolitisch ausgerichtete Finanzpolitik eher zu Preis- anstatt zu Mengeneffekten geführt hätte.

Auch die Bedeutung der übrigen Indizien wurde insbesondere zu Beginn der achtziger Jahre deutlich relativiert. So haben die Weiterentwicklungen in der Mikroelektronik neue Märkte geschaffen. Außerdem erwies sich das Marktsystem als flexibel genug, eigene Märkte für die geänderten Bedürfnisstrukturen hervorzubringen. Ein Beispiel hierfür ist die wachsende Bedeutung des Marktes der Umweltschutzindustrie mit einem beachtlichen Innovationspotential[4].

Als Indizien für eine angebotsbedingte Wachstumsschwäche sind in erster Linie[5] ein mittel- bis langfristig angelegter Anstieg der realen Produktionsstückkosten und eine Zunahme der Risiken hinsichtlich der zukünftigen Kostenentwicklung anzuführen[6]. Dabei ergaben sich in den siebziger Jahren einige Tatbestände[7], die die Kostensituation der Unternehmen auch auf längere Sicht negativ beeinflußten:

---

[2] Ein Gesamtüberblick findet sich bei Rohwer (1982), S. 12-17.

[3] Vgl. Herr/Spahn (1989), S.99.

[4] Vgl. Sprenger/Knödgen (1983), S. 186.

[5] Diejenigen Angebotsstörungen, die — wie etwa Überregulierungen, Mobilitätshemmnisse und Wettbewerbsbeschränkungen — nicht in einem unmittelbaren Zusammenhang zur Kostensituation stehen, werden nicht weiter analysiert, da sie nur von der allgemeinen Wirtschaftspolitik und nicht von der Finanz- und der Geldpolitik zu beeinflussen und daher für den Untersuchungsgegenstand von untergeordneter Bedeutung sind.

[6] Eine umfassende Übersicht findet sich bei Sievert (1979), S. 823-825.

[7] Vgl. hierzu auch Ehrlicher (1976) und die jeweilige Empirie in Tabelle 2.

Tabelle 2: **Langfristige Bestimmungsfaktoren der Wirtschaftswachstumsentwicklung**

	nachfrageseitig		angebotsseitig			
Jahr	Wohnbevölkerung a)	Exportquote b)	Lohnstückkosten c)	Preise importierter Rohstoffe d)	Kapitalmarktzins e)	Außenwert der DM f)
1970		21,9	94,70	25,6	8,2	
1971	501,3	22,7	95,75	28,0	8,2	
1972	306,9	23,2	95,47	27,3	8,2	
1973	292,0	24,4	98,14	32,0	9,5	110,4
1974	-109,9	27,3	100,92	60,1	10,6	116,9
1975	-346,9	25,8	98,54	58,2	8,7	118,6
1976	-202,6	26,9	98,63	63,3	8,0	125,6
1977	- 89,3	27,0	98,13	62,8	6,4	134,6
1978	- 31,1	27,3	98,09	55,8	6,1	140,7
1979	117,7	27,4	97,48	67,7	7,6	147,8
1980	218,6	28,4	100,94	100,0	8,6	148,2
1981	54,7	30,8	99,14	130,8	10,6	140,2
1982	-166,6	32,0	98,67	130,2	9,1	147,3
1983	-239,4	31,5	95,71	123,8	8,0	151,9
1984	-257,4	33,1	95,55	134,0	7,8	149,8
1985			94,51		6,9	149,6

a) Veränderung (in 1000 Personen) einschließlich Ausländer; Quelle: ifo Spiegel der Wirtschaft 1986/87, B1.

b) Ausfuhr in % des Bruttosozialprodukts (in Preisen von 1980); Quelle: Statistisches Bundesamt (Hrsg.), Volkswirtschaftliche Gesamtrechnungen, Fachserie 18, Reihe 1, Konten und Standardtabellen 1984, Stuttgart und Mainz 1985, S. 187 und 176.

c) Saisonbereinigte und mit dem BSP-Preisindex deflationierte Werte (jeweils viertes Quartal; 1980 = 100); Quelle: DIW, Lange Reihen der vierteljährlichen volkswirtschaftlichen Gesamtrechnung für die BRD, Berlin, Juli 1986, V. u. IV. Teil

d) Preisindex (1980 = 100); Preise bei Vertragsabschluß; cif; Quelle: Sachverständigenrat (1985) S. 301.

e) Umlaufsrendite festverzinslicher Wertpapiere; Quelle Monatsberichte der Deutschen Bundesbank, verschiedene Ausgaben.

f) gegenüber 14 Industrieländern (gewogen; Ende 1972 = 100); errechnet als geometrisches Mittel der bilateralen nominalen Außenwerte; Quelle: Statistische Beihefte zu den Monatsberichten der Deutschen Bundesbank, Reihe 5, Die Währungen der Welt, August 1986, Nr. 3, S. 3.

In einer rein binnenwirtschaftlichen Sicht wären hierbei in erster Linie die zum Teil weit über dem gesamtwirtschaftlichen Produktivitätsfortschritt liegenden Tarifabschlüsse vornehmlich in der ersten Hälfte der siebziger Jahre anzuführen.

International gesehen kamen die teilweise erheblichen Verteuerungen wichtiger Rohstoffe hinzu, wobei vor allem die „Ölpreis-Schocks" in den Jahren 1973/74 und 1979/80 hervorzuheben sind. Darüber hinaus setzte nach einer Hochzinsphase im Jahr 1974 gegen Ende der siebziger Jahre erneut ein weltweiter Anstieg des Zinsniveaus ein.

Schließlich führte das nach Freigabe der Wechselkurse im Jahr 1973[8] zu beobachtende Phänomen überschießender Wechselkurse[9] zu steigenden Kurssicherungskosten im Außenhandel.

Insgesamt haben damit die Strukturprobleme der deutschen Volkswirtschaft, die über unterschiedlich gelagerte Angebotsstörungen ausgelöst wurden, vor allem ab 1973 die nachlassende Wachstumsdynamik in den siebziger Jahren wesentlich bestimmt. Die Bedeutung der langfristigen Nachfragerisiken konnte deutlich relativiert werden.

II. Der Konjunktureinbruch 1980–1982

Gegen Ende der siebziger Jahre[10] gewann die wirtschaftliche Entwicklung an Dynamik, da im Jahr 1979 alle makroökonomischen Aggregate zum Teil deutliche Zuwächse verzeichnen konnten. Im weiteren Verlauf schwächten sich jedoch die konjunkturellen Auftriebskräfte ab, was dann zu einem Konjunktureinbruch im zweiten Quartal 1980 führte. Dieser wurde zwar durch ein vor allem exportgetragenes Zwischenhoch im Jahr 1981 abgemildert, jedoch erwies sich die damit verknüpfte Hoffnung auf einen baldigen Aufschwung als verfrüht, da zum Jahresende tiefe Einbrüche im Investitionsbereich zu verzeichnen waren und die konjunkturstützende Rolle der Ausfuhr nachließ. Dies führte zu der nach 1975 schärfsten Nachkriegsrezession im Jahre 1982[11], deren Ende sich im vierten Quartal abzeichnete.

---

[8] Der damit einhergehende Wegfall der Unterbewertung der DM verschärfte die strukturellen Anpassungsprobleme, da der Exportsektor an internationaler Wettbewerbsfähigkeit einbüßte.

[9] So fiel der in den sechziger Jahren bei ca. 4 DM notierte US-Dollar bis 1980 auf einen Jahresdurchschnittswert von 1,81 DM, um nach einer deutlichen Höherbewertung die 2-DM-Grenze in 1986 wieder zu unterschreiten (Quelle: Statistische Beihefte zu den Monatsberichten der Deutschen Bundesbank, Reihe 5, Die Währungen der Welt, August 1986, Nr. 3, S. 6).

[10] Vgl. hierzu auch im folgenden Tabelle 3.

[11] Die Schwere dieser Rezession äußert sich auch darin, daß die Zahl der Arbeitslosen Anfang 1982 1,6 Millionen betrug und sich im Vergleich zu 1980 verdoppelte (vgl. Glastetter (1982), S. 481); außerdem war die Entwicklung stagflationär, da die Veränderung des Preisindexes für die Lebenshaltung aller privaten Haushalte gegenüber dem Vorjahr im Jahre 1979 4,2 %, 1980 5,4 %, 1981 6,3 % und 1982 5,3 % betrug. (Quelle: Monatsberichte der Deutschen Bundesbank, Nr. 9/1986, S. 72*).

Tabelle 3: **Entwicklung des realen Bruttosozialprodukts und seiner Aggregate**

In Preisen von 1980 saisonbereinigt ¹)

Zeit	Bruttosozialprodukt		Privater Verbrauch		Staatsverbrauch		Ausrüstungsinvestitionen		Bauinvestitionen		Ausfuhr (Waren und Dienstleistungen)		Einfuhr (Waren und Dienstleistungen)		Außenbeitrag (Ausfuhr ./. Einfuhr) +)
	Mrd DM	Veränd. gegen Vorquartal in % 1)	Mrd DM	Veränd. gegen Vorquartal in % 1)	Mrd DM	Veränd. gegen Vorquartal in % 1)	Mrd DM	Veränd. gegen Vorquartal in % 1)	Mrd DM	Veränd. gegen Vorquartal in % 1)	Mrd DM	Veränd. gegen Vorquartal in % 1)	Mrd DM	Veränd. gegen Vorquartal in % 1)	Mrd DM
1977															
1.Vj.	339,7	0,5	189,2	1,0	67,0	- 0,0	25,4	0,5	48,8	4,0	91,0	0,5	86,2	- 1,5	4,8
2.Vj.	338,6	- 0,5	192,2	1,5	66,9	- 0,0	26,1	3,0	46,0	- 6,0	92,0	1,0	86,1	- 0,0	6,0
3.Vj.	338,4	- 0,0	194,0	1,0	67,6	1,0	26,4	1,0	45,3	- 1,5	91,6	- 0,5	90,8	5,5	0,8
4.Vj.	346,7	2,5	196,3	1,0	69,0	2,0	27,1	2,5	46,0	1,5	93,8	2,5	88,5	- 2,5	5,3
1978															
1.Vj.	347,5	0,0	197,3	0,5	69,6	1,0	26,9	- 0,5	47,3	3,0	94,1	0,0	88,9	0,5	5,1
2.Vj.	350,8	1,0	199,8	1,5	69,7	0,0	28,2	5,0	48,6	2,5	96,0	2,0	91,9	3,5	4,0
3.Vj.	352,2	0,5	202,3	1,0	70,0	0,5	29,0	3,0	47,2	- 3,0	96,5	0,5	93,4	1,5	3,2
4.Vj.	357,4	1,5	202,1	- 0,0	71,6	2,0	29,1	0,0	48,3	2,0	97,2	0,5	96,8	3,5	0,3
1979															
1.Vj.	359,3	0,5	201,6	- 0,0	71,8	0,5	30,2	4,0	46,9	- 3,0	98,6	1,5	97,8	1,0	0,8
2.Vj.	366,0	2,0	212,1	5,0	72,7	1,5	31,1	3,0	52,1	11,5	99,3	0,5	103,0	5,5	- 3,7
3.Vj.	367,6	0,5	207,2	- 2,5	72,5	- 0,5	31,5	1,5	50,9	- 2,5	102,1	3,0	104,0	1,0	- 1,9
4.Vj.	370,7	1,0	209,5	1,0	73,3	1,0	31,4	- 0,5	52,7	3,5	101,1	- 1,0	105,2	1,0	- 4,2
1980															
1.Vj.	376,3	1,5	211,1	1,0	73,6	0,5	32,0	2,0	55,8	6,0	109,0	8,0	109,4	4,0	- 0,4
2.Vj.	369,9	- 1,5	207,9	- 1,5	74,6	1,5	31,6	- 1,5	51,7	- 7,0	105,8	- 3,0	105,1	- 4,0	0,7
3.Vj.	370,6	0,0	210,9	1,5	75,1	0,5	32,1	1,5	51,1	- 1,0	104,8	- 1,0	105,3	0,0	- 0,6
4.Vj.	368,4	- 0,5	210,8	- 0,0	74,5	- 1,0	31,6	- 1,5	49,8	- 2,5	102,8	- 2,0	105,4	0,0	- 2,6
1981															
1.Vj.	371,5	1,0	209,5	- 0,5	77,3	4,0	31,3	- 1,0	49,6	- 0,5	108,0	5,0	105,7	0,0	2,3
2.Vj.	369,8	- 0,5	207,6	- 1,0	75,0	- 3,0	30,6	- 2,5	51,2	3,0	110,7	2,5	103,1	- 2,5	7,6
3.Vj.	372,6	1,0	209,6	1,0	75,7	1,0	30,8	0,5	50,2	- 2,0	117,1	5,5	106,2	3,0	10,9
4.Vj.	371,4	- 0,5	209,7	0,0	75,2	- 0,5	29,1	- 5,5	46,9	- 6,5	121,0	3,5	105,1	- 1,0	15,9

1982															
1.Vj.	367,8	- 1,0	207,8	- 1,0	76,4	1,5	28,8	- 1,0	46,4	- 1,0	119,2	- 1,5	107,8	2,5	11,4
2.Vj.	370,0	0,5	206,5	- 0,5	75,3	- 1,5	28,1	- 2,5	47,8	3,0	118,4	- 0,5	105,9	- 2,0	12,5
3.Vj.	367,0	- 1,0	204,6	- 1,0	74,7	- 1,0	28,1	- 0,0	47,5	- 1,0	117,1	- 1,0	104,3	- 1,5	12,8
4.Vj.	366,2	- 0,0	206,4	1,0	74,4	- 0,5	28,5	1,5	47,6	0,5	116,8	- 0,0	101,7	- 2,5	15,1
1983 p)r)															
1.Vj.	369,5	1,0	209,4	1,5	75,0	1,0	28,7	0,5	46,6	- 2,0	116,3	- 0,5	102,2	0,5	14,2
2.Vj.	375,8	1,5	210,1	0,5	75,2	0,0	30,1	5,0	48,2	3,5	117,9	1,5	106,4	4,0	11,6
3.Vj.	373,5	- 0,5	209,4	- 0,5	75,3	0,0	29,4	- 2,5	49,1	2,0	114,5	- 3,0	104,9	- 1,5	9,6
4.Vj.	379,0	1,5	210,8	0,5	75,9	1,0	31,7	8,0	48,7	- 1,0	120,0	5,0	109,6	4,5	10,5
1984 p)r)															
1.Vj.	385,2	1,5	212,6	1,0	76,0	0,0	29,3	- 8,0	49,5	1,5	124,7	4,0	110,7	1,0	14,0
x) 2.Vj.	380,3	- 1,5	212,8	0,0	77,1	1,5	27,3	- 7,0	48,6	- 2,0	123,9	- 0,5	111,4	0,5	12,5
3.Vj.	387,2	2,0	213,5	0,5	77,4	0,5	30,8	13,0	48,5	- 0,0	126,9	2,5	110,8	- 0,5	16,0
4.Vj.	389,7	0,5	213,0	- 0,5	78,4	1,5	32,0	4,0	48,9	0,5	133,1	5,0	113,1	2,0	20,1
1985 p)r)															
1.Vj.	387,4	- 0,5	213,0	0,0	77,2	- 1,5	32,0	- 0,0	47,4	-13,0	134,1	0,5	116,2	3,0	17,8
2.Vj.	394,3	2,0	215,4	1,0	78,3	1,5	32,0	0,0	46,1	9,0	137,3	2,5	115,8	- 0,5	21,5
3.Vj.	400,9	1,5	219,7	2,0	79,9	2,0	32,0	- 0,0	48,3	4,5	138,5	1,0	116,8	1,0	21,7
4.Vj.	398,2	- 0,5	218,8	- 0,5	80,1	0,5	34,5	8,0	46,5	- 3,5	135,8	- 2,0	118,0	1,0	17,7
1986 p)r)															
1.Vj.	394,0	- 1,0	219,9	0,5	78,7	- 2,0	33,3	- 3,5	42,3	- 9,0	132,0	- 3,0	114,1	- 3,5	17,9
2.Vj.	407,4	3,5	225,7	2,5	80,2	2,0	35,5	6,5	47,0	11,0	140,1	6,0	125,2	9,5	14,9
3.Vj.															
4.Vj.															

o) Kalendereinfluß nicht ausgeschaltet. – +) Die Reihe des Außenbeitrages ist mit erheblich größerem Unsicherheitsbereich behaftet als die Grundreihen, aus denen sie gebildet wurde. – 1) Aus absoluten Zahlen in Mio DM errechnet und auf ganze bzw. halbe Prozentpunkte gerundet. – x) Durch Arbeitskämpfe beeinflußt.

2) Bei Ausschaltung des Kalendereinflusses:

1984	1. Vj.	1 %	1985	1. Vj.	–0,5%	1986	1. Vj	–0,5 %
	2. Vj.	–0,5%		2. Vj.	2,5%		2. Vj.	2 %
	3. Vj.	2 %		3. Vj	1 %		3. Vj	%
	4. Vj.	0,5%		4. Vj.	–0,5%		4. Vj.	%

– r) Ursprungswerte ab 1983 vom Statistischen Bundesamt revidiert.

Quelle: Statistische Beihefte zu den Monatsberichten der Deutschen Bundesbank, Reihe 4, Saisonbereinigte Wirtschaftszahlen, Nr.9/1986, S .4.

Während des Anfangsverlaufs dieses Konjunktureinbruchs in den Jahren 1980 und 1981 ergaben sich folgende Veränderungen der gesamtwirtschaftlichen Rahmenbedingungen:

Die in den siebziger Jahren längerfristig angelegten Angebotsstörungen haben sich — wie aus Tabelle 4 ersichtlich wird — kurzfristig noch verschärft. In erster Linie ist hierbei der im Jahre 1979 einsetzende deutliche Anstieg der Weltrohstoffpreise zu beachten, der vor allem von der im Zuge des „Ölpreis-Schocks" 1979/80 erheblichen Verteuerung der Energierohstoffe getragen wurde. Des weiteren zogen die nominalen Kapitalmarktzinsen, die das deutliche Zwischenhoch in der Mitte der siebziger Jahre überwunden hatten, zum Ende dieses Jahrzehnts spürbar an. Schließlich stiegen auch die realen Produktionsstückkosten zu Beginn der achtziger Jahre, nachdem die deutlichen Lohnkostenschübe in der ersten Hälfte der siebziger Jahre im weiteren Verlauf weitgehend aufgefangen worden waren.

Demgegenüber sind im gleichen Zeitraum kaum Indizien für nachfragebedingte Störungen zu erkennen. Zwar sank der Auslastungsgrad der Produktionskapazität im Verarbeitenden Gewerbe im Laufe des Jahres 1980 deutlich von 85,3 auf 79,8 %, er stagnierte dafür jedoch im Jahr 1981 bei 79 %[12].

Schließlich sind Anzeichen eines tiefergehenden Erwartungspessimismus bei den privaten Wirtschaftssubjekten unverkennbar. So wurde das abwartende Nachfrageverhalten insbesondere der privaten Investoren für diesen Zeitraum wesentlich von der Einschätzung bestimmt, daß sich an den ungünstiger gewordenen Rahmenbedingungen in nächster Zukunft nichts ändert[13]. Der wichtigste Beleg dafür ist der Umstand, daß die exportgestützte konjunkturelle Erholung im Jahre 1981 die binnenwirtschaftliche Nachfrage nicht entsprechend mitbeleben konnte[14].

In der Endphase des Konjunktureinbruchs im Jahr 1982, die damit gleichzeitig die Ausgangslage der konjunkturellen Umkehrbewegung darstellt, ergaben sich weitere Verschiebungen in der Struktur der gesamtwirtschaftlichen Rahmenbedingungen:

Die ab 1979 zu beobachtende zusätzliche Verschärfung der Kostensituation der Unternehmen entspannte sich im Jahr 1982 erkennbar[15]. Die Weltrohstoffpreise stabilisierten sich 1981 auf hohem Niveau und begannen im folgenden Jahr zu sinken. Ferner gaben nominale wie reale Kapitalmarktzinssätze nach dem relativen Höhepunkt im Jahr 1981 im weiteren Verlauf ebenfalls nach. Schließlich sanken auch die realen Produktionsstückkosten im Jahr 1982 sichtbar.

---

[12] Quelle: ifo Spiegel der Wirtschaft 1986/87, G 6.

[13] Siehe hierzu auch Kloten (1983), S. 72-73.

[14] Vgl. Caspers (1982), S. 496.

[15] Vgl. Tabelle 4.

II. Der Konjunktureinbruch 1980–1982

21

Tabelle 4: **Kürzerfristige angebotsseitige Einflüsse auf die wirtschaftliche Entwicklung**

Jahr (Quartal)		Lohn-stückkosten[a)]	Weltroh-stoffpreise[b)]	darunter: Energie-rohstoffe[c)]	Kapital-marktzins[d)] nominal	real	Außen-wert der DM[e)]	darunter: gegenüber US-Dollar
1979	I	98,25	125,6	124,4	6,9	2,9	145,6[f)]	173,7
	II	97,39	141,3	144,0	7,6	4,2	145,1[f)]	170,1
	III	97,47	163,7	176,0	7,8	3,8	147,5[f)]	177,5
	IV	97,48	180,5	200,0	8,1	3,5	150,7[f)]	182,5
1980	I	97,93	210,9	241,9	8,7	4,2	150,0	181,9
	II	99,94	224,2	264,5	8,9	3,2	148,8	178,1
	III	100,51	231,5	274,0	8,1	3,3	149,1	181,5
	IV	100,94	237,1	283,1	8,9	4,5	145,6	168,8
1981	I	100,45	244,6	300,7	9,8	5,8	143,5	154,5
	II	101,06	240,0	300,4	10,8	7,4	143,5	141,8
	III	100,23	237,6	300,4	11,3	7,3	143,2	132,5
	IV	99,14	240,5	306,9	10,2	5,4	148,9	143,6
1982	I	99,22	235,0	299,4	9,8	4,8	149,3	137,4
	II	98,68	228,0	291,9	9,1	4,5	153,2	135,6
	III	98,87	225,8	291,3	9,2	4,8	154,9	129,9
	IV	98,67	224,6	291,0	8,2	4,6	158,1	128,9

a) Saisonbereinigte und mit dem BSP-Preisindex deflationierte Werte (1980 = 100); Quelle: DIW, Lange Reihen der vierteljährlichen volkswirtschaftlichen Gesamtrechnung für die BRD, Berlin, Juli 1986, V. u. IV. Teil.

b) HWWA-Index auf Dollarbasis (1975 = 100); gewogen mit den Importen der westlichen Industrieländer (1974-1976); Quelle: ifo Spiegel der Wirtschaft 1986/87, 02.

c) Gewicht am Gesamtindex: 63,2%; Quelle: siehe b).

d) Umlaufsrendite festverzinslicher Wertpapiere; Quelle Monatsberichte der Deutschen Bundesbank, verschiedene Ausgaben; deflationiert mit der Veränderungsrate des Preisindexes des BSP; Quelle: siehe a), IV. Teil.

e) Gegenüber 23 wichtigen Handelspartnern der Bundesrepublik (gewogen; Ende 1972 = 100); errechnet als gewogene geometrische Mittel; Quelle: Statistische Beihefte zu den Monatsberichten der Deutschen Bundesbank, Reihe 5, Die Währungen der Welt, Februar 1982, Nr. 1, S. 2-3 und Februar 1983, Nr. 1, S. 2-3.

f) Geringfügige Abweichungen zu den nachfolgenden Werten, da noch Zugrundelegung der Außenhandelsanteile der Jahre 1975 bis 1977 statt 1978 bis 1980.

In dem Maße, in dem sich diese — allerdings noch keineswegs vollständige — Entspannung der Angebotsbedingungen abzeichnete, traten kurzfristig angelegte Nachfrageschwächen deutlicher zu Tage[16]. Es gibt Anzeichen dafür, daß für die bisher angebotsseitig geprägte wirtschaftliche Entwicklung im Jahr 1982 zunehmend Nachfragestörungen an Bedeutung gewannen. Ein globales Indiz wäre zunächst der deutliche Rückgang des Auslastungsgrads der Produktionskapazität des Verarbeitenden Gewerbes von 77,0 % im zweiten auf 74,9 % im dritten Quartal dieses Jahres[17]. Außerdem wird aus Tabelle 3 ersichtlich, daß in den ersten drei Quartalen von wenigen Ausnahmen abgesehen bei *allen* Aggregaten der gesamtwirtschaftlichen Endnachfrage reale Abnahmen gegenüber dem Vorquartal zu verzeichnen waren. Dieser Tatbestand ist als ein abwärtsgerichteter und alle Bereiche der Volkswirtschaft erfassender kumulativer Prozeß interpretierbar, was zugleich auf die Wirksamkeit einer kontraktiven Multiplikator-Akzelerator-Mechanik im damaligen Zeitraum schließen läßt.

Dieser Vorgang wurde gleichzeitig vom tiefgreifenden Erwartungspessimismus der Wirtschaftssubjekte beeinflußt. Die privaten Investoren waren weiterhin verunsichert, da deren pessimistische Zukunftseinschätzung auch im Jahr 1982 trotz sinkenden Preis- und Zinsniveaus, steigender Gewinnmargen und beachtlichen Handelsbilanzüberschüssen anhielt[18]. Bei den Konsumenten deutet zwar die Abnahme des real verfügbaren Einkommens[19] zunächst auf dominierende nachfrageseitige Störungen hin; gleichzeitig war aber zu beobachten, daß die Sparquote der privaten Haushalte, die von 1978 bis 1981 gestiegen war, im Jahr 1982 eine nur leicht fallende Tendenz hatte[20]. Damit sind die Einschränkungen beim privaten Konsum auch darauf zurückzuführen, daß die Verbraucher die zukünftige wirtschaftliche Entwicklung weiterhin skeptisch beurteilten.

Insgesamt ist damit die Ausgangslage der konjunkturellen Umkehrbewegung im Jahr 1982 folgendermaßen zu kennzeichnen:

Die in den Jahren 1980 und 1981 noch dominierenden angebotsseitigen Störungen schwächen sich ab. Gleichzeitig treten wieder stärker Nachfragestörungen auf, und es ist eine verfestigt negative Erwartungshaltung im privaten Sektor zu beobachten.

Diese Struktur der gesamtwirtschaftlichen Rahmenbedingungen im Jahr 1982 dient dazu, die bei der späteren Wirkungsanalyse zu ermittelnden nachfrage-, angebots- und erwartungsseitigen Impulse der Finanz- und der Geldpolitik in ihrer

[16] Vgl. Leibinger (1985), S.56-57.

[17] Quelle: ifo Spiegel der Wirtschaft 1986/87, G6.

[18] Vgl. Tomann (1986), S. 80 bzw. Caspers (1982), S. 496.

[19] So stieg dieses im Jahr 1981 lediglich um 0,2 % und ging in 1982 gar um 2,1 % zurück (zu den aktualisierten Zahlen vgl. Sachverständigenrat (1985), S. 54 (Tabelle 8) bzw. S. 55 (Schaubild 16)).

[20] Quelle: Sachverständigenrat (1983), S. 55 (Schaubild 8).

Bedeutung für den Konjunkturaufschwung Ende 1982 jeweils besser abschätzen zu können.

B. Kennzeichnung der konjunkturellen Entwicklung Ende 1982 bis 1987

I. Die konjunkturelle Umkehrbewegung Ende 1982

Unter diesen ökonomischen Rahmenbedingungen des Jahres 1982 setzte im vierten Quartal eine konjunkturelle Belebung ein, die sich nicht wie 1981 kurzfristig wieder abschwächte, sondern sich zu einem lang anhaltenden Konjunkturaufschwung entwickelte.

Im folgenden wird die konjunkturelle Umkehrbewegung zeitlich exakter eingegrenzt, wobei zusätzlich untersucht wird, von welchem makroökonomischen Aggregat zu diesem Zeitpunkt die ersten Anstöße ausgingen.

Zur genauen zeitlichen Fixierung der Umkehrbewegung wird jeweils ein repräsentativer Indikator mit einem Gleich-, Vor- bzw. Nachlauf zur Konjunkturbewegung verwandt.

Als gleichlaufender Indikator wird üblicherweise die *industrielle Produktion* herangezogen[21]. Bei den Frühindikatoren kommen die Auftragseingänge oder das Geschäftsklima[22] in Betracht. Hierbei soll das *Geschäftsklima* präferiert werden, da es aus sogenannten qualitativen Daten im Zuge von Umfragen gewonnen wird und dementsprechend eine Ergänzung zu der industriellen Produktion darstellt, die — wie die Auftragseingänge — quantitativ dimensioniert sind. Als Spätindikatoren werden traditionell die Preisniveauentwicklung bzw. die Zahl der Beschäftigten verwandt, jedoch haben sich beide Größen seit den siebziger Jahren von der konjunkturellen Entwicklung abgekoppelt[23]; demzufolge muß auf die *Auslastung der Produktionskapazität* zurückgegriffen werden, wobei diese Kennziffern allerdings nur quartalsweise verfügbar sind.

Tabelle 5 zeigt die Entwicklung des Geschäftsklimas, der industriellen Produktion und der Auslastung der Produktionskapazität ab Mitte 1982. Hieraus

---

[21] Vgl. Fürst (1975), S. 12.

[22] Näheres hierzu bei Strigel (1985), S. 29 ff.

[23] In erster Linie sind hierbei das Stagflationsphänomen bzw. strukturelle und demographische Komponenten der Arbeitslosigkeit anzuführen; der erste Aspekt war — wie oben dargelegt — auch zu Beginn der achtziger Jahre zu beobachten, der zweite Aspekt zeigte sich erst beim zögerlichen Abbau der Arbeitslosigkeit während des späteren Aufschwungs (Quelle: Statistische Beihefte zu den Monatsberichten der Deutschen Bundesbank, Reihe 4, Saisonbereinigte Wirtschaftszahlen, Nr. 11/1986, S. 12-13).

Tabelle 5: **Entwicklung konjukturrelevanter Größen im Verarbeitenden Gewerbe**

		Geschäftsklima a)			Produktion d)			Auslastung der Produktionskapazität e)		
		(1) b)	(2) c)	(3) b)	(1)	(2)	(3) b)	(1) b)	(2) c)	(3)
1982	Jul	-38	-40	-34	92,6	96,4	87,2			
	Aug	-40	-42	-38	94,4	99,4	91,1			
	Sep	-40	-43	-39	94,3	97,8	90,2	74,9	76,9	85,1
	Okt	-39	-44	-39	92,3	96,0	88,7			
	Nov	-35	-41	-34	91,8	95,0	88,2			
	Dez	-31	-36	-30	92,4	95,2	88,5	75,5	76,7	84,9
1983	Jan	-26	-29	-26	93,4	95,5	89,5			
	Feb	-21	-27	-22	92,8	95,1	88,9			
	Mär	-18	-26	-15	94,8	97,4	90,8	75,8	76,3	86,2
	Apr	-16	-27	-13	95,2	98,5	90,5			
	Mai	-14	-26	-10	95,4	98,9	90,4			
	Jun	-12	-25	- 9	99,0	101,1	96,7	78,3	77,9	87,5
	Jul	- 9	-23	- 6	94,3	95,3	89,6			
	Aug	- 6	-21	- 4	96,0	97,7	90,6			
	Sep	- 4	-20	- 2	97,8	100,3	92,2	78,8	77,2	88,1

(1) insgesamt; (2) darunter: Investitionsgütergewerbe; (3) darunter: Verbrauchsgütergewerbe.

a) Saisonbereinigte und geglättete Mittelwerte aus Unternehmermeldungen zur gegenwärtigen und in den nächsten sechs Monaten erwarteten Geschäftslage (Quelle: ifo Spiegel der Wirtschaft 1986/87, G5).

b) Ohne Nahrungs- und Genußmittelgewerbe.

c) Ohne PKW.

d) Nettoproduktionsindex für fachliche Unternehmensteile (1980 = 100); Quelle: Deutsche Bundesbank, Statistische Beihefte zu den Monatsberichten, Reihe 4, Saisonbereinigte Wirtschaftszahlen, Nr. 11/1986, S. 14-17.

e) In % der betriebsüblichen Vollauslastung (=100%); Quelle: ifo-schnelldienst 22/1986, S. 1-2.

kann man den Zeitpunkt der konjunkturellen Umkehrbewegung folgendermaßen eingrenzen:

Das unmittelbare Vorstadium des Aufschwungs läßt sich anhand der Werte für das Geschäftsklima auf den November 1982 datieren; denn dieses verbesserte sich nach einer Stabilisierungsphase von August bis Oktober in diesem Monat erkennbar. Außerdem stabilisierte sich diese positivere Erwartungshaltung seitens der Unternehmer im weiteren Verlauf, da die Werte im Jahr 1983 — abgesehen von einer Stagnation im Investitionsgüterbereich in den ersten Monaten — kontinuierlich anstiegen.

Die globale Auslastung der Produktionskapazität erhöhte sich nach einem leichten Zuwachs in den Vormonaten erst ab März 1983 deutlicher. Unter Berücksichtigung des vorigen Ergebnisses ergibt sich daraus die Konsequenz, daß die konjunkturelle Umkehrbewegung zwischen November 1982 und März 1983 erfolgt sein muß.

Einen genaueren Aufschluß hierüber liefert die Entwicklung der Produktionstätigkeit. Diese zog nach einer kurzfristigen Ausweitung im August 1982 im Dezember erneut an. Der weitere Verlauf verdeutlicht die Labilität der Auftriebstendenzen. So brachen die Produktionswerte im Februar bzw. Juli 1983 kurzfristig ein, und es war eine Stagnation im Verbrauchsgütergewerbe zu beobachten. Trotz dieser Labilität läßt sich die konjunkturelle Umkehrbewegung angesichts des zuvor abgeleiteten Zeitintervalls auf den Dezember 1982 datieren.

Schließlich soll noch untersucht werden, welches makroökonomische Aggregat im Dezember 1982 zuerst Zuwächse verzeichnen konnte:

Erste Anhaltspunkte hierfür lassen sich aus Tabelle 3 gewinnen, wonach im vierten Quartal 1982 Zuwachsraten beim privaten Konsum und im Investitionsbereich (insbesondere bei den Ausrüstungsinvestitionen)[24] gegenüber dem Vorquartal festzustellen waren. Die zeitlich noch differenziertere Analyse in Tabelle 5 bestätigt diese Einschätzung, gibt jedoch auch keine eindeutigen Hinweise, welches der beiden gesamtwirtschaftlichen Aggregate den Aufschwung initiiert hat, da die Produktion im Investitions- wie im Verbrauchsgütergewerbe im Dezember 1982 zeitgleich ausgedehnt wurde. Zusätzliche Informationen hierzu ließen sich aus der Verwendungsrechnung des Sozialprodukts im Rahmen der Volkswirtschaftlichen Gesamtrechnung gewinnen, jedoch sind die statistisch aufbereiteten Daten nur quartalsweise ausgewiesen[25].

Demzufolge muß man sich mit der Feststellung begnügen, daß die Umkehrbewegung im Dezember 1982 vom privaten Konsum und den Ausrüstungsinvesti-

---

[24] Im folgenden soll die Belebung bei den Bauinvestitionen nicht weiterverfolgt werden, da diese im vierten Quartal 1982 im Vergleich zum Vorquartal lediglich um 100 Mio. DM anstiegen und im ersten Quartal 1983 wiederum deutlich zurückgingen.

[25] So erfolgt ein monatlicher Ausweis jeweils nur aktuell, so daß diese Daten weder abgesichert noch statistisch aufbereitet sind.

tionen getragen wurde. Wenn auch die zeitliche Vorreiterrolle nicht zu klären ist, so ist zumindest hinsichtlich der Dynamik feststellbar, daß diese beim privaten Verbrauch anfangs etwas stärker war, was sich vor allem in den Januarwerten des Jahres 1983 dokumentiert[26]. Im Laufe dieses Jahres drehte sich dieses Kräfteverhältnis jedoch um, da die Ausrüstungsinvestitionen die sich abschwächende private Konsumnachfrage in ihrer konjunkturstützenden Rolle ablösten[27].

II. Der weitere Verlauf 1983–1987

Die konjunkturelle Belebung schien im dritten Quartal des Jahres 1983 einzubrechen, da nach der bereits gedämpften Entwicklung beim privaten Verbrauch mit den Ausrüstungsinvestitionen das andere aufschwungsrelevante makroökonomische Aggregat ebenfalls an Dynamik verlor und das Zwischenhoch bei den Bauinvestitionen nur von kurzer Dauer war[28]. In dieser kritischen Situation übernahm die Exportnachfrage im vierten Quartal 1983 gerade noch rechtzeitig die konjunkturstützende Funktion und behielt diese, mehr oder weniger unterstützt von den Ausrüstungsinvestitionen, bis zum dritten Quartal 1985 bei. Dieser Exportboom wurde in erster Linie durch die seit 1983 deutlich verbesserte Konjunkturlage bei den wichtigsten Handelspartnern der Bundesrepublik verursacht[29].

Der konjunkturelle Auftrieb wurde durch die ausgedehnten Arbeitskämpfe im Frühjahr 1984 nur vorübergehend negativ beeinflußt[30]. Demgegenüber hätte das Nachlassen des Exportgeschäfts gegen Ende des Jahres 1985 den Konjunkturaufschwung fast zum Stillstand gebracht. Dieses Nachlassen war seinerseits auf eine konjunkturelle Abflachung in den westlichen Industrieländern (insbesondere in den Vereinigten Staaten) und eine immer höhere Bewertung der D-Mark (vor allem gegenüber dem US-Dollar) zurückzuführen[31]. In dieser erneut kritischen Situation erfolgte der Wechsel der Auftriebskräfte zum privaten Verbrauch; dies war die Folge zahlreicher verbrauchsbegünstigender Tatbestände[32]. So vermin-

---

[26] Vgl. Tabelle 5.

[27] Ebenda.

[28] Vgl. hierzu wie auch im folgenden Tabelle 3.

[29] Vgl. Sachverständigenrat (1985), S. 28 (Schaubild 4) und S. 18 (Schaubild 1); dabei hatte die starke wirtschaftliche Expansion in den Vereinigten Staaten das größte Gewicht, zumal der US-Dollar in diesem Zeitraum gegenüber der D-Mark stark aufwertete (Quelle: Statistische Beihefte zu den Monatsberichten der Deutschen Bundesbank, Reihe 5, Die Währungen der Welt, Mai 1986, Nr. 2, S. 9).

[30] So geht aus Tabelle 3 hervor, daß nach Streikende die Ausrüstungsinvestitionen und die Exportnachfrage im dritten und vierten Quartal 1984 wieder kräftig zunahmen, was auf Nachholeffekte rückschließen läßt.

[31] Vgl. Sachverständigenrat (1986), Tz. 60.

derten sich die Energieausgaben im Zuge des Ölpreisverfalls 1985/86 erheblich, und zum 01.01.1986 trat die erste Stufe des Steuerentlastungsgesetzes 1986/88 in Kraft. Außerdem stellen die Lohn- und Gehaltserhöhungen im Frühjahr 1986 aufgrund der annähernden Preisniveaustabilität im weiteren Verlauf ex post weitgehend vollkommen reale Kaufkraftzuwächse dar. Zum Jahreswechsel 1986/87 ersetzten die Ausrüstungsinvestitionen die nun wieder stagnierende Konsumnachfrage[33]. Ab Mitte 1987 waren dann wiederum der private Verbrauch und der Export die konjunkturtragenden Aggregate, die sich im Herbst 1987 als weitgehend resistent gegenüber den Kurseinbrüchen an den internationalen Börsen und der dadurch ausgelösten Vertrauenskrise erwiesen.

Auf den weiteren Konjunkturverlauf wird nicht mehr eingegangen, da sich hieraus wegen des großen zeitlichen Abstands zur konjunkturellen Umkehrbewegung im Dezember 1982 keine weiteren Rückschlüsse auf den Untersuchungsgegenstand ziehen lassen.

III. Vergleich mit früheren Aufschwüngen

Um den Konjunkturaufschwung 1982/83 bis zum Jahr 1987 charakterisieren zu können, ist ein Vergleich mit der wirtschaftlichen Entwicklung nach den Rezessionen 1966/67 bzw. 1974/75 angezeigt, da sich diese in ihrer Schwere mit der Rezession 1981/82 ungefähr vergleichen lassen. Hierbei treten bemerkenswerte Unterschiede zu Tage:

Während die vom privaten Konsum und den Ausrüstungsinvestitionen getragene Umkehrbewegung im Dezember 1982 noch recht labil war, vollzog sich der Konjunkturaufschwung im Frühsommer 1967 viel dynamischer, da Ausrüstungs-, Bauinvestitionen und die Exportnachfrage gemeinsam deutlich die Oberhand über die Rezession gewannen[34]. Ähnlich breit angelegt, wenn auch nicht so ausgeprägt wie 1967, verlief die konjunkturelle Erholung ab dem zweiten Quartal 1975, wobei sich die Auslandsnachfrage kräftig belebte, die Ausgabenneigung der Verbraucher wuchs und auch die Ausrüstungsinvestitionen deutlich anzogen[35].

Dieses im Vergleich zum Aufschwung 1982/83 gleichzeitig mehrere Aggregate erfassende und stabile Fundament der Jahre 1967 bzw. 1975 machte sich auch in den jeweiligen weiteren Verläufen bemerkbar:

Während sich — wie oben dargelegt — im Zeitraum 1983 bis 1987 die einzelnen makroökonomischen Aggregate ohne Entwicklung einer gemeinsamen Schub-

---

[32] Vgl. Sachverständigenrat (1986), Tz. 52 — Tz. 58.

[33] Quelle: Statistische Beihefte zu den Monatsberichten der Deutschen Bundesbank, Reihe 4, Saisonbereinigte Wirtschaftszahlen, Juli 1988, Nr. 7, S. 4.

[34] Vgl. Sachverständigenrat (1968), Tz. 11.

[35] Vgl. Sachverständigenrat (1976), Tz. 61 ff.

kraft zeitlich nacheinander in ihrer konjunkturtragenden Rolle ablösten, nahmen diese in den Jahren 1968 und 1969 zum Teil derart zeitgleich zu, daß es sogar zu konjunkturellen Überhitzungserscheinungen kam[36]. Eine solche Boomsituation war zwar im Jahre 1976 nicht erkennbar, jedoch wurde die weiterhin stark expandierende Exporttätigkeit von einer regen Inlandsnachfrage unterstützt[37].

Festzuhalten bleibt, daß die Dynamik des Konjunkturaufschwungs 1982/83 sowohl beim Beginn wie auch beim Anfangsverlauf hinter ähnlich gelagerten Aufschwüngen zurückbleibt. Dieser Sachverhalt wird in der folgenden Tabelle nochmals belegt[38]:

Tabelle 6: **Reale Veränderungsraten der Nachfrageaggregate (in %) jeweils innerhalb von dreieinhalb Jahren seit Aufschwungsbeginn**

Zeitraum Aggregat	II/'67-IV/'70	II/'75-IV/'78	IV/'82-II/'86
Privater Verbrauch	27	13	9
Ausrüstungsinvestitionen	59	27	25
Bauinvestitionen	26	11	-1
Ausfuhr	37	20	20
BSP insgesamt	23	14	11

Quelle: Deutsche Bank (zitiert nach Wirtschaftswoche, Nr. 52, 53/'86, S. 31).

Für die spätere Beitragsermittlung ergeben sich aus diesem vergleichweise gedämpften Beginn und Anfangsverlauf des Konjunkturaufschwungs 1982/83 unterschiedliche Konsequenzen:

Für die Finanzpolitik ist zu klären, inwieweit die Konsolidierung der öffentlichen Haushalte für die gedämpfte Dynamik verantwortlich zu machen ist. Für die Geldpolitik liefert sie einen Anhaltspunkt insofern, als das Ausmaß der zusätzlichen Geldversorgung, das für die Belebung des privaten Konsums und der Ausrüstungsinvestitionen erforderlich war, als vergleichsweise gering einzustufen ist.

---

36 Vgl. Sachverständigenrat (1969), Tz. 21 ff.

37 Vgl. hierzu auch Simmert (1985), S. 4-5.

38 Gegen eine solche „Bestätigung" könnte man einwenden, daß in Tabelle 6 die aus Vergleichbarkeitsgründen an die ungewöhnliche Länge des jetzigen Aufschwungs angepaßte wirtschaftliche Entwicklung nach 1967 bzw. 1975 über den jeweils nächsten Aufschwung hinausreicht; hierbei ist jedoch zu beachten, daß die Abschwünge Anfang 1970 bzw. Anfang 1977 nur konjunkturelle Abflachungen darstellen, so daß die Aussagefähigkeit des Gesamtvergleichs nur unwesentlich beeinträchtigt wird.

ZWEITER TEIL

Die Ermittlung des Beitrages

A. Die Grundlagen der Wirkungsanalyse

I. Die Erfassung finanz- und geldpolitischer Impulse

1. Das Konzept der Impulsindikatoren

Im folgenden soll geklärt werden, inwieweit die Finanz- und Geldpolitik die Belebung des privaten Konsums und der Ausrüstungsinvestitionen im Dezember 1982 beeinflußt haben. Hierbei ist zunächst zu überlegen, wie man einen derartigen Einfluß messen soll.

Der globalste Ansatz für eine Messung finanz- und geldpolitischer Impulse besteht darin, nach Maßgabe eines Neutralitätsmaßstabs[1] einen fiktiven Konjunkturverlauf bei entsprechend konjunkturneutralem finanz- und geldpolitischem Verhalten zu konstruieren. Durch die Gegenüberstellung mit der tatsächlichen konjunkturellen Entwicklung lassen sich hieraus (de)stabilisierende Impulse der Finanz- und Geldpolitik ableiten. Gegen eine solche Vorgehensweise ist jedoch einzuwenden, daß es prinzipiell problematisch ist, einen so komplexen Sachverhalt lediglich eindimensional erfassen zu wollen. Außerdem ist im Hinblick auf die skizzierte Ausgangslage des Jahres 1982 ein solcher Globalindikator nicht in der Lage, die finanz- und geldpolitisch induzierten Impulse in ihrer nachfrage-, angebots- und erwartungsseitigen Differenzierung abzubilden.

Daher soll im folgenden auf Impulsindikatoren zurückgegriffen werden, die — differenziert in *Nachfrage-, Angebots- und Erwartungsindikatoren* — anzeigen sollen, inwieweit die Finanz- und Geldpolitik den privaten Konsum und die Ausrüstungsinvestitionen beeinflußt haben. Diese werden ihrerseits — je nachdem, wie umfassend die Impulse zu veranschlagen sind — jeweils unterteilt in *globale* und *spezielle* Indikatoren. Dabei sind diejenigen Indikatoren als global einzustufen, die die Impulse zu erfassen versuchen, welche von Änderungen einer zentralen Steuerungseinheit ausgehen; diese ist bei der Finanzpolitik der öf-

[1] Etwa im Sinne einer Potentialorientierung, wonach die wesentlichen finanz- und geldpolitischen Steuerungsgrößen anhand der geschätzten trendmäßigen Entwicklung des nominalen gesamtwirtschaftlichen Produktionspotentials fortgeschrieben werden.

fentliche Haushalt, bei der Geldpolitik ein noch näher abzugrenzendes Geldmengenaggregat. Demgegenüber beziehen sich die speziellen Meßgrößen auf die Anstöße, die von einzelnen finanz- und geldpolitischen Maßnahmen ausgehen. Eine solche Abgrenzung impliziert aus quantitativen Gründen, die globalen Indikatoren als primäre Anhaltspunkte anzusehen, deren Grundtendenz bei hiervon abweichenden Werten der speziellen Indikatoren lediglich modifiziert wird.

Im folgenden werden globale und spezielle Impulsindikatoren für beide Politikbereiche näher konkretisiert.

2. *Globale Impulsindikatoren*

a) Nachfrageseitige Indikatoren

Für die Finanzpolitik stehen zur Erfassung globaler Nachfrageimpulse mit den *Budgetkonzepten*[2] zahlreiche Meßverfahren zur Verfügung. Bei diesen wird die Nachfragewirksamkeit öffentlicher Haushalte dadurch ermittelt, daß sie einen mit dem nominalen gesamtwirtschaftlichen Produktionspotential fortgeschriebenen Vergleichshaushalt als Nullpunkt konstruieren und diesem das tatsächliche Budget gegenüberstellen[3]. Welches dieser Meßkonzepte für unsere Problemstellung am geeignetsten ist, wird in der finanzpolitischen Wirkungsanalyse geklärt.

Bei der Geldpolitik wird in Analogie zu den finanzpolitischen Budgetkonzepten eine mit dem nominalen gesamtwirtschaftlichen Produktionspotential fortgeschriebene „Vergleichsgeldmenge" als Nullpunkt konstruiert, der die aktuellen Werte des entsprechenden Geldmengenaggregats gegenübergestellt werden. Welches Geldmengenaggregat für diese Fragestellung am geeignetsten ist, wird in der geldpolitischen Wirkungsanalyse geklärt.

b) Angebotsseitige Indikatoren

Zur Erfassung globaler Angebotsimpulse, die von der Finanz- und Geldpolitik induziert worden sind, sind noch keine Meßverfahren konstruiert worden. Daher wird im folgenden ein eigener Ansatz entwickelt:

Ausgangspunkt der Überlegungen bildet das im ersten Teil abgeleitete Ergebnis, wonach die gleichzeitige Belebung des privaten Konsums und der Ausrüstungsinvestitionen den Aufschwung im Dezember 1982 initiiert hat. Daraus ergibt sich die Konsequenz, daß die finanz- und geldpolitisch induzierten Impulse

---

[2] Ein knapper Überblick hierzu findet sich etwa bei Härtel (1982).

[3] Vgl. Lenk (1979), S. 110.

auf diese beiden Aggregate zu beziehen sind. Ein solcher Bezug ist seinerseits an den jeweiligen Determinanten des privaten Konsums und der Ausrüstungsinvestitionen auszurichten, da wirtschaftspolitische Impulse nicht unmittelbar auf gesamtwirtschaftliche Größen einwirken, sondern in erster Linie deren Bestimmungsfaktoren beeinflussen. Dementsprechend setzen Angebotsimpulse an den angebotsseitigen Determinanten der aufschwungsrelevanten makroökonomischen Aggregate an.

Im folgenden werden solche globale angebotsseitige Impulsindikatoren für den privaten Konsum und die Ausrüstungsinvestitionen, die finanz- und geldpolitisch beeinflußbar sind, ermittelt. Die Finanz- und die Geldpolitik kann die Angebotsbedingungen in erster Linie von der Kostenseite beeinflussen, deshalb setzt die Analyse hier an. Demgegenüber ist die Verbesserung der Angebotsbedingungen wie die Beseitigung oder Milderung von Überregulierungen, Mobilitätshemmnissen und Wettbewerbsbeschränkungen der allgemeinen Wirt-schaftspolitik vorbehalten[4]. Trotz dieser Einschränkung haben diese Impulsindikatoren im Vergleich zu den Budgetkonzepten den Nachteil, daß sie nicht ausschließlich den finanz- und geldpolitischen Einfluß anzeigen; damit muß man sie im Rahmen der Wirkungsanalyse auch noch auf Einflüsse untersuchen, die weder von der Finanz- noch von der Geldpolitik induziert worden sind.

Zur Ableitung angebotsseitiger Determinanten der Ausrüstungsinvestitionen ist zunächst eine inhaltliche Abgrenzung dieses makroökonomischen Aggregats erforderlich. Im Rahmen der Volkswirtschaftlichen Gesamtrechnung[5] werden unter Ausrüstungen Maschinen, Fahrzeuge, Betriebsausstattungen u.ä. verstanden, die zusammen mit den Bauinvestitionen als Anlageinvestitionen bezeichnet werden. Im folgenden soll von *Brutto*ausrüstungsinvestitionen ausgegangen werden, zumal diese direkt in das Bruttosozialprodukt zu Marktpreisen als umfassendstem volkswirtschaftlichen Indikator eingehen. Daneben wird nur auf die *private* Ausrüstungstätigkeit abgestellt, da der staatliche Anteil am Gesamtvolumen der Bruttoausrüstungsinvestitionen im Gegensatz zur Bautätigkeit quantitativ vernachlässigbar ist[6].

Derartige Investitionen werden angebotsseitig von verschiedenen Kostengruppen bestimmt, worunter die Lohn-, Rohstoff- bzw. Zinskosten und die Steuerbelastung zu zählen sind. Dabei scheiden die Lohn- bzw. die Rohstoffkosten von vornherein aus unserer Betrachtung aus, da sie primär tarifpolitisch beeinflußbar sind bzw. wirtschaftspolitisch kaum beeinflußt werden können. Demgegenüber

---

[4] Strenggenommen müßte man demnach von kostenseitigen Indikatoren sprechen. Zu den Kernpunkten einer angebotsorientierten Wirtschaftspolitik vgl. Sachverständigenrat (1981), Tz. 300.

[5] Vgl. Statistisches Bundesamt (1986), S. 91-93.

[6] So betrug dieser im Jahre 1982 knapp 4 %, während er im Baubereich immerhin rund ein Fünftel ausmachte (Quelle: Institut der Deutschen Wirtschaft (Hrsg.), Zahlen zur wirtschaftlichen Entwicklung der Bundesrepublik Deutschland 1987, Köln 1987, Tabelle 24).

sind die Zinskosten finanz- und geldpolitisch und die Steuerbelastung finanzpolitisch beeinflußbar. Allerdings ergibt sich bei der Steuerbelastung als Kostengruppe das Problem, daß sich aus ihr kein einheitlicher Impulsindikator ableiten läßt. Die effektive Höhe der Unternehmensteuerbelastung und damit auch mögliche Veränderungen sind nicht durch einen einheitlichen Impulsindikator darstellbar, da eine Vielzahl von Einzelsteuern mit unterschiedlichen Bemessungsgrundlagen und unterschiedlichen Steuersätzen die Unternehmen belasten[7]. Im Gegensatz dazu lassen sich die Zinskosten dem *Kapitalmarktzins*niveau zuordnen, da die Unternehmen ihre Ausrüstungsinvestitionen eher mittelfristig finanzieren dürften. Doch selbst bei einer kurzfristigen Finanzierung bleibt dieser Zusammenhang bestehen, da kurzfristige Bankkredite wegen ihrer Prolongierungsmöglichkeit eine Alternative zu Kapitalmarkttiteln darstellen, was eine wechselseitige Bindung von Kontokorrent- und Kapitalmarktzins zur Folge hat[8].

Ist damit die Fixierung des Kapitalmarktzinses als angebotsseitiger Impulsindikator geklärt, ist noch die Frage zu beantworten, ob die Unternehmer sich am nominalen oder dem deflationierten realen Kapitalmarktzinsniveau orientieren[9]. Im folgenden soll auf den Nominalzins abgestellt werden. Diese Festlegung ist insofern vertretbar, als sich nominaler und realer Kapitalmarktzins ab dem dritten Quartal 1980 weitgehend parallel entwickelt haben[10]. Außerdem ergibt sich bei der Ermittlung des Realzinses das prinzipielle Problem, daß das Nominalzinsniveau jeweils nur mit der zeitgleichen Inflationsrate deflationiert werden kann. Bei ihrem Realzinskalkül legen die Unternehmer jedoch zumeist die erwartete Inflationsrsate zugrunde, für die es keine eindeutigen Meßgrößen gibt[11].

Die Ableitung angebotsseitiger Determinanten des privaten Verbrauchs erfolgt wie bei den Ausrüstungsinvestitionen kostenorientiert. Da Kosten im Zusammenhang mit dem Konsum lediglich bei der „Finanzierung" der Verbrauchsausgaben anfallen, sind die einzelnen Finanzierungsalternativen daraufhin zu überprüfen. Dabei dürften die Kosten, die bei der Finanzierung über das verfügbare Einkommen der privaten Haushalte bzw. über den Abbau von Vermögen anfallen, vernachlässigbar klein sein. Demgegenüber entstehen bei der Finanzierung über kurzfristige Bankkredite, die in erster Linie für die Nachfrage nach dauerhaften Konsumgütern (Gebrauchsgütern) relevant ist, Zinskosten, die die private Verschuldungsbereitschaft und damit die Nachfrage nach solchen Gütern beeinträchtigen können. Die Bedeutung des Zinsniveaus für den privaten Konsum wird gestützt durch den Tatbestand, daß die privaten Haushalte insbesondere in

7 Vgl. Bundesministerium der Finanzen (Hrsg.; 1991), S. 42-44.

8 Vgl. Köhler (1977), S. 174-176.

9 Vgl. hierzu etwa Wieners (1983), S. 104.

10 Vgl. Tabelle 4.

11 Vgl. Maier (1983), S. 257.

der Hochzinsphase des Jahres 1981 kreditfinanzierte Anschaffungen von Gebrauchsgütern zurückstellten[12]. Insgesamt ist daher auch für den privaten Verbrauch das Zinsniveau der geeignete angebotsseitige Impulsindikator, auch wenn die Zinselastizität des Konsums im Vergleich zu den privaten Ausrüstungsinvestitionen nicht so stark ausgeprägt sein dürfte. Dabei wird wegen der zuvor aufgezeigten Interdependenz zwischen Kontokorrent- und Kapitalmarktzins auch für den privaten Verbrauch auf den *Kapitalmarktzins* abgestellt.

c) Erwartungsseitige Indikatoren

Genau wie bei den Angebotsimpulsen existieren für globale Erwartungsimpulse, die von der Finanz- und Geldpolitik induziert worden sind, noch keine Meßverfahren. Unter Zugrundelegung der im vorhergehenden Abschnitt entwickelten Überlegung lassen sich globale erwartungsseitige Impulsindikatoren dadurch ermitteln, daß man diejenigen erwartungsseitigen Determinanten des privaten Konsums und der Ausrüstungsinvestitionen herausarbeitet, die von der Finanz- und Geldpolitik beeinflußbar sind. Allerdings ist auch bei diesen Indikatoren zu beachten, daß sie nicht ausschließlich den finanz- und geldpolitischen Einfluß anzeigen.

Für die Ausrüstungsinvestitionen spielen Erwartungen insofern eine Rolle, als die Entscheidung der Unternehmer über die Vornahme derartiger Investitionen zukunftswirksam ist; damit müssen sie bei einer solchen Entscheidung eine Einschätzung der weiteren Entwicklung unternehmensspezifischer Größen — wie etwa des Umsatz-, Kosten- und Ertragsverlaufs — miteinbeziehen. Zur Ermittlung einer solchen Einschätzung sind vergangenheitsorientierte Meßgrößen (wie etwa die erwirtschaftete Gewinnmarge oder die Rendite auf Sachanlagen) nicht geeignet[13]. Dies trifft nicht auf den vom ifo-Institut für Wirtschaftsforschung ermittelten Stimmungsindikator zu, da dessen Zukunftsorientierung angesichts der von Unsicherheit gekennzeichneten Situation des Jahres 1982 von Vorteil ist. Hierzu befragt das ifo-Institut die Unternehmen im Verarbeitenden Gewerbe nach ihrer gegenwärtigen und in den nächsten sechs Monaten erwarteten Geschäftslage[14]. Dabei wird in erster Linie auf die Absatz- und die Ertragserwartungen abgehoben. Die Antworten werden in einen quantitativ faßbaren Index für das *Geschäftsklima* umgerechnet, der sich auch als erwartungsseitiger Indikator finanz- und geldpolitischer Impulse für die Ausrüstungsinvestitionen gut eignet[15]. Hierbei dürften die Unternehmer — auch wenn sie nicht direkt danach ge-

[12] Vgl. Wenke (1990), S.223.

[13] Vgl. Tomann (1986), S.80.

[14] Vgl. hierzu Vogler (1977).

[15] Diese Meßgröße wurde bereits im ersten Teil als Frühindikator zur Eingrenzung der konjunkturellen Umkehrbewegung herangezogen.

fragt werden — die jeweils gegenwärtigen finanz- und geldpolitischen Maßnahmen insofern in ihrem Geschäftslageurteil berücksichtigen, als sie von diesen einen direkten Einfluß auf die weitere Entwicklung ihrer unternehmensspezifischen Größen erwarten.

Auch wenn beim privaten Verbrauch der Zukunftscharakter nicht so stark ausgeprägt ist wie bei den Ausrüstungsinvestitionen, wird das private Wirtschaftssubjekt seine Konsumentscheidungen auch von der Einschätzung der weiteren Entwicklung seiner eigenen wirtschaftlichen Situation bzw. der gesamtwirtschaftlichen Lage abhängig machen. Zur Ermittlung einer solchen Einschätzung wurde von der Forschungsstelle für empirische Sozialökonomie in Köln bis in die siebziger Jahre hinein ein Konsumklimaindex berechnet[16]. Da demnach für den Beginn der achtziger Jahre keine entsprechenden Daten vorliegen, bleiben als einzig nennenswerte Alternative die Untersuchungen der Gesellschaft für Konsumforschung in Nürnberg. Diese befragt die Konsumenten unter anderem[17] nach der erwarteten wirtschaftlichen Lage in mikro- wie in makroökonomischer Sicht. Die Antworten werden in einen quantitativ faßbaren Index für das *Konsumklima* umgerechnet. Diese Meßgröße kann auch als erwartungsseitiger Indikator finanz- und geldpolitischer Impulse für den privaten Konsum herangezogen werden, soweit man unterstellen kann, daß die Verbraucher bei ihrer Einschätzung der zukünftigen gesamtwirtschaftlichen Lage auch den gegenwärtigen finanz- und geldpolitischen Kurs miteinbeziehen.

3. Spezielle Impulsindikatoren

Auch zur Erfassung der Impulse, die von einzelnen finanz- und geldpolitischen Maßnahmen auf die aufschwungsrelevanten makroökonomischen Aggregate ausgehen, sind die nachfrage-, angebots- und erwartungsseitigen Determinanten des privaten Konsums und der Ausrüstungsinvestitionen ein geeigneter Ansatzpunkt.

Angebots- und erwartungsseitig kann man dabei die jeweiligen globalen Impulsindikatoren auch zur Erfassung von Einzelimpulsen heranziehen, da diese zuvor direkt aus den aufschwungsrelevanten makroökonomischen Aggregaten abgeleitet wurden. Dementsprechend werden jeweils für die Finanz- wie für die Geldpolitik angebotsseitig das *Kapitalmarktzins*niveau und erwartungsseitig das *Geschäftsklima* für die Ausrüstungsinvestitionen bzw. das *Konsumklima* für den privaten Verbrauch als spezielle Impulsindikatoren verwandt.

---

[16] Vgl. Wenke (1991), S.160.

[17] Eine genaue Auflistung der Fragen findet sich bei Tewes (1984), S. 94 sowie auch bei Wenke (1991), S.161.

Nachfrageseitig ist bezüglich der Finanzpolitik ein solcher Rückgriff auf die entsprechenden globalen Impulsindikatoren nicht zweckmäßig, da sich die Budgetkonzepte nur bedingt für die Erfassung von Einzelimpulsen eignen. Sie vermögen zwar die finanzpolitischen Impulse bestimmter Ausgabe- und Einnahmekategorien anzuzeigen, nicht jedoch die Impulse bestimmter finanzpolitischer Maßnahmen. Daher kommen als spezielle nachfrageseitige Impulsindikatoren nur die nachfrageseitigen Determinanten der aufschwungsrelevanten makroökonomischen Aggregate in Betracht, die zudem finanzpolitisch beeinflußbar sein müssen.

Interpretiert man eine nachfrageseitige Determinante als makroökonomische Kreislaufgröße, so läßt sich beim privaten Konsum hierfür in erster Linie das *verfügbare Einkommen* der privaten Haushalte anführen; denn es ergibt sich direkt aus dem Volkseinkommen, indem man die direkten Steuern der privaten Haushalte (inklusive der Sozialversicherungsbeiträge) abzieht und die Sozialtransfers an die privaten Haushalte hinzuaddiert[18]. Bei den Ausrüstungsinvestitionen ist in absatzorientierter Sicht die gesamtwirtschaftliche *Endnachfrage* die entscheidende Einflußgröße.

Für die Geldpolitik lassen sich in analoger Weise keine speziellen nachfrageseitigen Impulsindikatoren ableiten, da die geldpolitischen Einzelmaßnahmen zumindest kurzfristig prinzipiell nicht in einem direkten Zusammenhang zum realwirtschaftlichen Bereich stehen. Daher muß für die Geldpolitik unter diesem Gesichtspunkt der globale Indikator allein genügen.

II. Der Beobachtungszeitraum

Der Beobachtungszeitraum für die Wirkungsanalyse reicht bis zu den finanz- und geldpolitischen Maßnahmen zurück, deren Impulse noch für den Aufschwung relevant gewesen sind. Demnach ist er dadurch zu ermitteln, daß man die Übertragungszeiten der finanz- und geldpolitisch induzierten Nachfrage-, Angebots- und Erwartungsimpulse auf die aufschwungsrelevanten makroökonomischen Aggregate abschätzt.

Für eine solche Abschätzung steht bezüglich der Nachfrageimpulse mit der lag-Analyse für die Finanz- wie für die Geldpolitik ein gut entwickeltes und empirisch überprüfbares Instrumentarium zur Verfügung. Dabei sind für unsere Überlegungen die sogenannten „outside lags" von entscheidender Bedeutung; denn diese geben die Zeiträume an, in denen der durch die Maßnahme induzierte Impuls den nachfrageseitigen Impulsindikator verändert, dessen Variation seinerseits das jeweilige makroökonomische Aggregat beeinflußt[19]. Demgegenüber

[18] Vgl. hierzu Stobbe (1976), S. 134-135.

[19] Vgl. hierzu Mackscheidt/Steinhausen (1978), S. 74, und Badura (1975), S. 558.

sind die diesen Außenverzögerungen vorgelagerten „inside lags“, die bis zur Entscheidung bzw. Durchführung der jeweiligen Maßnahme verstreichen, für unsere Fragestellung nicht relevant.

Empirische Untersuchungen kommen für die Finanzpolitik meist zu dem Ergebnis, daß nach einem vor allem politisch-institutionell bedingten langen inside lag sich die Außenverzögerung auf sechs bis zwölf Monate beläuft[20]. Dieses Zeitintervall wird durch eine Schätzung von Quartalsmultiplikatoren bestätigt, wonach ein Großteil der fiskalpolitisch induzierten Nachfragewirkungen sich nach vier Quartalen entfaltet.[21]

Im Vergleich zur Finanzpolitik ist bei der Geldpolitik die Innenverzögerung infolge eines straffen Entscheidungsablaufs weitaus kürzer, die outside lags sind dagegen ähnlich lang. So gelangen empirische Untersuchungen, die in der Regel ein Geldmengenaggregat als Zwischenzielgröße verwenden[22], zum Ergebnis, daß sich die geldpolitische Maßnahme nach ein bis zwei Quartalen auf das jeweilige Geldmengenaggregat auswirkt[23]; dessen Variation seinerseits entfaltet seine hauptsächliche Wirkung auf die aggregierten realwirtschaftlichen Größen innerhalb eines ähnlich langen Zeitintervalls[24].

Damit ergibt sich aus den Übertragungszeiten der Nachfrageimpulse die Konsequenz, die Maßnahmen beider Politikbereiche bis zu einem Jahr und damit bis Dezember 1981 zurückzuverfolgen.

Für die Ermittlung der Übertragungszeiten der Angebotsimpulse, die von der Maßnahme bis zum Kapitalmarktzins als angebotsseitigem Indikator für beide Politikbereiche verstreichen, gibt es im Gegensatz zu den Nachfrageimpulsen kein empirisch überprüfbares Instrumentarium. Daher wird im folgenden davon ausgegangen, daß die Verzögerungen der Angebotsimpulse weitgehend den nachfrageseitigen Verzögerungen entsprechen.

Dieses Zwischenergebnis gilt nicht für die Erwartungsimpulse, da pessimistische bzw. optimistische Erwartungen des privaten Sektors Wirkungen zusätzlich verzögern bzw. beschleunigen[25]. Da zuvor für die Ausgangslage eine verfestigt pessimistische Zukunftseinschätzung der privaten Wirtschaftssubjekte diagnostiziert wurde, muß insofern ein zusätzlicher lag berücksichtigt werden, als es im Vergleich zu den Nachfrage- und Angebotsimpulsen längerer Zeit bedarf, bis sich die Maßnahme auf das Geschäfts- bzw. Konsumklima auswirkt. Die Länge einer solchen Verzögerung läßt sich demnach am besten dadurch ermitteln, daß man die Maßnahmen des jeweiligen Politikbereichs ab Ende 1981 soweit zu-

---

[20] Vgl. Lachmann (1987), S. 58.

[21] Vgl. Biehl u.a. (1978), S. 211-213.

[22] Vgl. Teichmann (1982), S. 184.

[23] Vgl. Kromphardt (1977), S. 241-242.

[24] Vgl. Ketterer (1975), S. 90-92.

[25] Vgl. Lachmann (1987), S. 58.

rückverfolgt, bis man jeweils auf eine Maßnahme stößt, die als richtungsweisend und damit „erwartungssensitiv" einzustufen ist:

Bei der Finanzpolitik kommt hierbei in erster Linie der Grundsatzbeschluß der Bundesregierung zum Haushalt 1982 vom 30.07.1981 in Betracht, da dieser eine Ausgabenbegrenzung vorsah[26] und damit die Konsolidierung des Bundeshaushalts einleitete.

Bei der Geldpolitik deuteten in der zweiten Jahreshälfte 1981 die sinkenden Zinskonditionen bei den Wertpapierpensionsgeschäften und die sukzessive Senkung des Sonderlombardsatzes auf eine vorsichtige Lockerung des Restriktionskurses hin[27].

Diese zusätzlichen Erkenntnisse modifizieren das zuvor abgeleitete Ergebnis insofern, als die finanz- und geldpolitischen Maßnahmen bereits ab Mitte 1981 als relevant für die konjunkturelle Umkehrbewegung im Dezember 1982 einzustufen sind. Dabei sind auch noch solche Maßnahmen für die konjunkturelle Umkehrbewegung von Bedeutung, die kurz vor dem Dezember 1982 ergriffen wurden. So werden — der vorigen lag-Analyse zufolge — bereits Außenverzögerungen von lediglich sechs Monaten für beide Politikbereiche empirisch gestützt. Diese Untergrenze dürfte erwartungsseitig noch weiter verkürzt worden sein, da man angesichts einer optimistischeren Zukunftseinschätzung der Wirtschaftssubjekte im zweiten Halbjahr 1982 von einer Wirkungsbeschleunigung ausgehen kann.

B. Der Beitrag der Finanzpolitik

I. Die Finanzpolitik im Konflikt zwischen Haushaltskonsolidierung und Konjunkturstimulierung

1. Die Ausgangslage

Die Finanzpolitik geriet zu Beginn der achtziger Jahre in eine Konfliktsituation. In Anbetracht der in den siebziger Jahren stark angewachsenen Verschuldung der öffentlichen Haushalte[28] war eine Konsolidierung der Staatsfinanzen unum-

---

[26] Vgl. Finanzbericht (1982), S. 256.

[27] Vgl. Sachverständigenrat (1981), S. 96.

[28] So stieg der Anteil der Nettokreditaufnahme der Gebietskörperschaften an der inländischen Geldvermögensbildung von 9,1 % im Jahre 1970 auf 29,6 % im Jahre 1980 (Quelle: Institut der deutschen Wirtschaft (Hrsg.), Zahlen zur wirtschaftlichen Entwicklung der Bundesrepublik Deutschland 1986, Köln 1986, Tabelle 30).

gänglich geworden[29]. Demgegenüber legte der im zweiten Quartal 1980 einsetzende Konjunktureinbruch einen expansiven finanzpolitischen Kurs nahe.

Diese Konfliktlage gilt für die finanzpolitischen Entscheidungen aller Gebietskörperschaften. Die im folgenden durchgeführte Maßnahmenanalyse greift dabei auch kurz die vor Mitte 1981 ergriffenen Maßnahmen ab 1980 auf, um das Vordringen der Konsolidierungsstrategie besser nachzeichnen zu können. Außerdem ist sie in Analogie zu den finanzpolitischen Impulsindikatoren nach globalem Kurs bzw. Einzelmaßnahmen, die das Gesamtbudget bzw. einzelne Budgetposten betreffen, gegliedert.

2. *Die Finanzpolitik des Bundes*

a) Globale Budgetbeschlüsse

Die Entwicklung des Bundeshaushaltes im Zeitraum von 1980 bis 1983 läßt sich anhand der folgenden Übersicht[30] verdeutlichen:

Tabelle 7: **Die Eckdaten[1] des Bundeshaushalts der Haushaltsjahre...**

	...1980	1981	1982	1983
Ausgaben	215,7	233,0	244,6	246,7
	(+6,1)	(+8,0)	(+5,0)	(+0,9)
Einnahmen	188,1	195,0	207,0	214,8
	(+6,0)	(+3,7)	(+6,1)	(+3,8)
Finanzierungsdefizit	27,6	38,0	37,6	31,9
	(+6,1)	(+37,7)	(-1,0)	(-15,2)

1 in Mrd. DM (gerundet); die (nominalen) Veränderungen gegenüber dem Vorjahr in % jeweils in Klammern.
Quelle: Finanzbericht (1986), S. 140-141.

---

29 Vgl. hierzu Sarazzin (1983), S. 376.

30 In dieser Tabelle sowie in den folgenden Tabellen 8 bis 10 sind die Ausgaben und Einnahmen der jeweiligen Gebietskörperschaft sowie des öffentlichen Gesamthaushalts in finanzstatistischer Abgrenzung wiedergegeben, da diese Abgrenzung am ehesten für eine Beschreibung von finanzpolitischen Maßnahmen geeignet ist; demgegenüber wird in der nachfrageseitigen Wirkungsanalyse im Rahmen des DIW-Impulskonzepts auf die VGR-Abgrenzung abgestellt, da diese für die Analyse von Budgetwirkungen adäquater ist.

Der Bundeshaushalts 1980[31] stand bei seiner Erstellung noch nicht im Zeichen des zuvor skizzierten Konflikts zwischen Haushaltskonsolidierung und Konjunkturstimulierung, da sich das Finanzierungsdefizit nicht übermäßig erhöhte und der Konjunktureinbruch erst bevorstand. Demgegenüber trat der Konflikt bei dem am 05.06.1981 verabschiedeten Bundeshaushalt 1981 offen zu tage. Einerseits unterstrich der deutliche Anstieg des Finanzierungsdefizits, der auf einem vor allem konjunkturbedingten Einnahmerückgang und einen aufgrund von Fehleinschätzungen unerwartet starken Anstieg der Ausgaben beruhte[32], die Notwendigkeit der Haushaltskonsolidierung; andererseits war angesichts der konjunkturellen Abschwächung eine eher expansive Finanzpolitik angezeigt. Die Bundesregierung wich diesem Konflikt im ersten Halbjahr 1981 noch aus, da sie weder eine aktive nachfrageorientierte Konjunkturpolitik betrieb, noch die Haushaltskonsolidierung in Angriff nahm. Somit gab es vorerst auch kein stabilisierungs- und schuldenpolitisches Gesamtkonzept[33].

Eine solches Konzept wurde erst ab der für unsere Problemstellung relevanten Beschlußfassungsphase zum Bundeshaushalt 1982[34] deutlicher erkennbar. Dabei legte der bereits im ersten Teil erwähnte Grundsatzbeschluß vom 30.07.1981 den Schwerpunkt eindeutig auf die Haushaltskonsolidierung. Diese wurde mit der „Operation '82" vom 02./03.09.1981 in Angriff genommen, wobei zur Begrenzung des Finanzierungsdefizits Ausgabekürzungen in Höhe von ca. 13 Mrd. DM und leichte Einnahmeerhöhungen im Umfang von ca. 4 Mrd. DM[35] beschlossen wurden. Im Vergleich hierzu sind die integrierten konjunkturstimulierenden Elemente in Form von zusätzlichen Ausgaben insbesondere für den Stahl- und Energiesektor (Volumen ca. 1 Mrd. DM) und Abschreibungserleichterungen für Gebäude und bewegliche Wirtschaftsgüter, die erst später zu deutlicheren Steuerausfällen führten, quantitativ unbedeutend. Damit ergab sich für das Jahr 1982 mit ca. 16 Mrd. DM eine deutliche Haushaltsentlastung. Im weiteren Verlauf kam es jedoch zu konjunkturbedingten Steuerausfällen und Ausgabenerhöhungen, letztere vor allem in Form von Zuschüssen an die Bundesanstalt für Arbeit. Das Konsolidierungsziel wurde dadurch zunächst nicht gefährdet, da man zusätzliche Ausgabekürzungen in Höhe von 0,4 Mrd. DM vornahm und die Gewinnabführung der Bundesbank sich über die im Haushaltsplan eingestellten 6,1 Mrd. DM hinaus auf 10 Mrd. DM erhöhte. Später konnte jedoch im Rahmen der

---

31 Vgl. zum Verfahren Sachverständigenrat (1980), S. 123-124.

32 Vgl. Sachverständigenrat (1981), Tz. 225 bzw. 236.

33 Vgl. Rohwer (1986), S. 155.

34 Die folgenden Angaben hierzu sind entnommen aus Sachverständigenrat (1981), S. 110; Sachverständigenrat (1982), S. 98-101; Sachverständigenrat (1983), S. 120-121.

35 Dieses Mehraufkommen ergab sich in Höhe von jeweils ca. 2 Mrd. DM aus dem Abbau von Steuervergünstigungen und der Erhöhung der Branntwein- und Sektsteuer zum 01.04. bzw. der Tabaksteuer zum 01.06.1982.

Nachtragshaushalte vom 11.10. bzw. 15.12.1982 das zunächst gesteckte Konsolidierungsziel nicht eingehalten werden.

Der Konsolidierungskurs wurde bei der Erstellung des Bundeshaushaltes 1983[36] bekräftigt. Bereits der Entwurf der Regierung Schmidt vom 07.07.1982 sah eine Haushaltsentlastung mit einem Volumen von über 8 Mrd. DM vor, die am 27.10.1982 von der neuen Regierung Kohl im Rahmen der „Operation '83" auf 12 Mrd. DM angehoben wurde. Deren Finanzierung erfolgte dabei über deutliche Einschränkungen bei den Leistungsgesetzen[37] und eine Erhöhung der Mehrwertsteuer zum 01.07.1983 von 13 auf 14 %. Ähnlich wie bei der „Operation '82" ist auch hier das integrierte Element in Form der Erhebung einer unverzinslich rückzahlbaren Investitionshilfeabgabe[38], die zur Förderung des Wohnungsbaus verwendet werden sollte und damit auf eine Konjunkturstimulierung abzielte, vergleichsweise unbedeutend.

b) Einzelmaßnahmen

Die Einzelmaßnahmen, die in den globalen Budgetbeschlüssen enthalten waren, wurden schon angedeutet. Diese zielten zum überwiegenden Teil auf die Haushaltskonsolidierung ab, da sie insbesondere Ausgabesenkungen (vor allem im Bereich der Sozialausgaben) bzw. Einnahmeerhöhungen (in erster Linie durch die Anhebung indirekter Steuern) herbeiführten und nur wenige konjunkturstimulierende Maßnahmen beschlossen wurden. Daneben wurden vor und zwischen den globalen Budgetbeschlüssen zusätzliche Einzelmaßnahmen[39] mit überwiegend konjunkturstimulierender Zielsetzung ergriffen, wobei zumeist die direkte Förderung der privaten Investitionstätigkeit im Vordergrund stand. Auch diese Maßnahmen sind für unsere Untersuchung relevant, sofern sie ungefähr ab Mitte 1981 in Kraft getreten sind. Sie werden im folgenden in der Reihenfolge des Beschlußzeitpunkts aufgelistet, da es im Rahmen dieser überblicksartigen Darstellung von Einzelmaßnahmen im Gegensatz zur späteren Wirkungsanalyse nicht auf eine quantitative Systematisierung oder auf eine Einteilung hinsichtlich deren Auswirkungen auf die Ausgaben bzw. Einnahmen des Bundes ankommt.

---

[36] Vgl. hierzu Sachverständigenrat (1982), S. 100-101 und Sachverständigenrat (1983), S. 120-121.

[37] Neben einer Reduktion der Lohnerhöhungen für die Beschäftigten im Öffentlichen Dienst sind vor allem die Herabsetzung der Kindergeldsätze und die Einschränkungen beim „Bafög" und beim Wohngeld zu nennen.

[38] Für 1983 und 1984 in Höhe von 5 % der Steuerschuld für Bezieher höherer Einkommen und für körperschaftsteuerpflichtige Unternehmen.

[39] Die folgenden Angaben zu diesen sind entnommen aus Sachverständigenrat (1980), S. 123-124; Sachverständigenrat (1981), S. 109 und Tz. 230; Sachverständigenrat (1982), S. 98-99.

Diese Übersicht wird vervollständigt mit den bereits im vorigen Abschnitt angeführten Maßnahmen, um einen Gesamtüberblick zu erhalten[40]:

In einem zeitlichen Rückgriff ist hierbei noch das Steuerentlastungsgesetz 1981[41] mit dem Teil von Bedeutung[42], der ab dem 01.01.1982 eine Aufhebung des Haushaltsfreibetrags für Alleinstehende mit Kindern und Verbesserungen bei den Sonderausgaben vorsah[43]; die übrigen Teile waren bereits vor dem Beobachtungszeitraum in Kraft getreten.

Des weiteren legte die Kreditanstalt für Wiederaufbau (KfW) am 08.04.1981 ein Sonderprogramm auf, das auf Antrag zinsverbilligte Darlehen für vier oder acht Jahre bevorzugt an kleine und mittlere Unternehmen vergab[44].

Ferner enthielt die „Operation '82" vom 02./03.09.1981 Maßnahmen, wie die zusätzlichen Ausgaben insbesondere für den Stahl- und den Energiesektor, die ab dem 01.01.1982 jeweils wirksamen Abschreibungserleichterungen für Gebäude und bewegliche Wirtschaftsgüter bzw. den Abbau von Steuervergünstigungen und die Erhöhung von speziellen Verbrauchsteuern in der ersten Hälfte des Jahres 1982.

Darüber hinaus wurden die Mittel für reguläre KfW-Aktivitäten im Rahmen der am 03.02.1982 beschlossenen „Gemeinschaftsinitiative für Arbeitsplätze, Wachstum und Stabilität" aufgestockt. Diese Initiative beinhaltete außerdem die Einführung einer zeitlich befristeten Investitionszulage[45].

Schließlich waren auch in der „Operation '83" vom 27.10.1982 Maßnahmen enthalten, wie die Einschränkung bei den Leistungsgesetzen, die Erhebung einer unverzinslich rückzahlbaren Investitionshilfeabgabe zur Förderung des Wohnungsbaus für die Jahre 1983 und 1984 und die Erhöhung der Mehrwertsteuer zum 01.07.1983.

---

40 Bei diesen wird auf nähere Details verzichtet, da eine genauere Behandlung im vorigen Abschnitt erfolgt ist.

41 Vgl. hierzu auch Muscheid (1986),S. 181-183.

42 So waren die Konjunktur- und Wachstumsprogramme von 1974/75 bzw. 1977 bereits im Jahre 1980 bzw. 1981 ausgelaufen; ebenso nicht mehr relevant sind das „Steuerpaket 1980" und die Erhöhung der Branntwein- bzw. Mineralölsteuer zum 01.04.1981, da diese Maßnahmen vor dem Beobachtungszeitraum in Kraft getreten sind.

43 Dabei wurde der Haushaltsfreibetrag um 1200 DM auf 4200 DM angehoben, die Sonderausgaben-Höchstbeträge bzw. der steuerliche Vorwegabzug für Vorsorgeaufwendungen um 240/480 DM auf 2340/4680 DM bzw. um 500/1000 DM auf 2500/5000 DM erhöht.

44 Trotz des frühen Beschlußzeitpunkts ergibt sich eine Relevanz insofern, als die Kreditanträge bis zum 30.06.1982 zu stellen waren.

45 Diese trat ab dem 01.01.1982 rückwirkend in Kraft, wurde gewährt in Höhe von 10 % für bewegliche Wirtschaftsgüter des betrieblichen Anlagevermögens und für Betriebsgebäude, jedoch nur bei solchen Investitionen, die das durchschnittliche Investitionsvolumen des Unternehmens in den drei dem Begünstigungszeitraum vorangegangenen Jahren überstiegen hatten.

3. Die Unterstützung der Finanzpolitik des Bundes seitens der nachgelagerten Gebietskörperschaften

a) Die Entwicklung der Länderhaushalte und der Gemeindefinanzen

Auch die Länder- und Gemeindebudgets haben rein quantitativ eine konjunkturpolitische Bedeutung, da die Volumina der Länderhaushalte an den Bundesetat heranreichen und die Volumina der Gemeindehaushalte immerhin über 50 % des Bundesetats ausmachen. Demgegenüber sind ihre Einzelmaßnahmen kaum konjunkturpolitisch ausgerichtet. Die Länder haben angesichts des hohen Anteils an Gemeinschaftsteuern am Gesamtsteueraufkommen nur eine begrenzte steuerpolitische Autonomie und sind auch auf der Ausgabenseite wegen des hohen Personalausgabenanteils nur begrenzt flexibel. Dies gilt auch für die Gemeinden, wobei deren begrenzte Kreditaufnahmemöglichkeiten eine zusätzliche Grenze für ein konjunkturadäquates Haushaltsgebaren darstellt. Daher erübrigt sich im folgenden eine Analyse der Einzelmaßnahmen der nachgelagerten Gebietskörperschaften.

Die in Tabelle 8[46] ausgewiesenen fallenden Wachstumsraten der Ausgaben und die Reduktion des Finanzierungsdefizits verdeutlichen, daß sich das noch im Jahr 1980 expansive Haushaltsgebaren der Länder im weiteren Verlauf deutlich abschwächte. Auf der Einnahmeseite war im Jahr 1981 ähnlich wie beim Bund[47] der Zuwachs im Vergleich zu den Jahren 1980, 1982 und 1983 am schwächsten ausgeprägt, was vor allem konjunkturelle Ursachen hatte.

Demnach haben die Länder bereits 1981 und damit ungefähr ein Jahr früher als der Bund einen Konsolidierungskurs eingeschlagen.

Tabelle 8: **Die Eckdaten[1] der Länderhaushalte der Haushaltsjahre ...**

	...1980	1981	1982	1983
Ausgaben	204,9	210,6	217,6	221,1
	(+8,6)[2]	(+3,6)[3]	(+3,3)	(+1,6)
Einnahmen	182,5	184,7	193,0	200,0
	(+4,9)[2]	(+2,1)[3]	(+4,5)	(+3,6)
Finanzierungsdefizit	22,3	25,9	24,5	21,1
	(+52,7)	(+16,1)	(-5,4)	(-13,9)

1 in Mrd. DM (gerundet); die nominalen Veränderungen gegenüber dem Vorjahr in % jeweils in Klammern.
2 bzw. 3: berechnet nach Absetzung von Beträgen in 1979 bzw. 1980 wegen Ausgliederung von Krankenhäusern aus den Haushalten ab 1980 bzw. 1981.
Quelle: Finanzbericht (1986), S.109.

46 Vgl. hierzu auch Hansmeyer (1985), S. 138-139.

47 Vgl. Tabelle 7.

Für die Gemeinden wird aus Tabelle 9 ersichtlich, daß das vor allem vom „Programm für Zukunftsinvestitionen“ gestützte stark expansive Ausgabeverhalten des Jahres 1980 sich im Jahr 1981 deutlich abschwächte, da die Kommunen in ihrer Ausgabenpolitik auf den insbesondere konjunkturbedingt schwächeren Fluß der Einnahmen reagieren mußten[48]. Dieser fiel im Vergleich zum Bund und zu den Ländern[49] noch stärker aus. Die kommunalen Ausgaben wurden jedoch erst ab 1982 entsprechend deutlich reduziert, so daß es zu einer annähernden Verdoppelung des Finanzierungsdefizits im Jahr 1981 kam. Dieser Anstieg war aber nur vorübergehend, da auch nach 1982 an der strikten Ausgabedisziplin bei gleichzeitig wieder stärker zunehmenden Einnahmen festgehalten wurde.

Somit begann die Konsolidierung der Haushalte der Gemeinden ein Jahr später als bei den Ländern und damit zeitgleich zum Bund. Der für die Jahre 1982 und 1983 in Tabelle 9 ausgewiesene nur mäßige Ausgabeanstieg bzw. Ausgaberückgang sowie die jeweils deutliche Rückführung des Finanzierungsdefizits verdeutlichen dabei, daß das Konsolidierungstempo wesentlich höher als bei den beiden übergeordneten Gebietskörperschaften war[50].

Tabelle 9: **Die Eckdaten[1] der Gemeindefinanzen der Haushaltsjahre ...**

	1980	1981	1982	1983
Ausgaben	145,5	152,1	153,1	151,7
	(+11,6)	(+4,5)	(+0,6)	(-0,9)
Einnahmen	139,8	142,0	145,8	150,3
	(+11,9)	(+1,6)	(+2,7)	(+3,1)
Finanzierungsdefizit	5,7	10,1	7,3	1,3
	(+7,5)	(+77,2)	(-27,7)	(-82,2)

1 in Mrd. DM (gerundet); die (nominalen) Veränderungen gegenüber dem Vorjahr in % jeweils in Klammern.
Quelle: Finanzbericht (1986), S. 115.

b) Die Entwicklung des öffentlichen Gesamthaushalts

Die bisherigen Ergebnisse sollen schließlich anhand der Entwicklung des öffentlichen Gesamthaushalts verdeutlicht werden:

Vergleicht man die Zuwachsraten der Ausgaben und Einnahmen des öffentlichen Gesamthaushalts mit denen der einzelnen Gebietskörperschaften[51], stellt

48 Vgl. Deutsche Bundesbank (Hrsg., 1983), S. 26-28.
49 Vgl. hierzu wie auch im folgenden die Tabellen 7 und 8.
50 Vgl. hierzu auch Karrenberg/Münstermann (1986), S. 92-94.
51 Siehe hierzu wie auch im folgenden die Tabellen 7, 8 und 9.

man fest, daß sich im Jahr 1980 der Haushalt des Bundes im Vergleich zu den Länder- und den Gemeindehaushalten unterdurchschnittlich, in den beiden Folgejahren überdurchschnittlich entwickelt hat[52]. Da dies für die Jahre 1981 und 1982 in einem noch stärkeren Maße auf die Ausgabedynamik zutrifft, erfolgte demnach die Konsolidierung des Bundeshaushalts nicht so zügig wie bei den Haushalten der nachgelagerten Gebietskörperschaften. Wie der vorige Abschnitt gezeigt hat, liegt dies vor allem daran, daß im Vergleich zum Bund die Länder ein Jahr früher mit der Konsolidierung begannen und das Konsolidierungstempo bei den Gemeindehaushalten schneller war. Damit wurde der Konsolidierungskurs des Bundes durch die nachgelagerten Gebietskörperschaften nicht nur unterstützt, sondern sogar übertroffen.

Tabelle 10: **Die Eckdaten[1] des öffentlichen Gesamthaushalts[2] der Haushaltsjahre...**

	...1980	1981	1982	1983[3]
Ausgaben	509,2	541,8	561,6	570,1
	(+8,4)	(+6,4)	(+3,7)	(+1,5)
Einnahmen	452,1	466,1	491,6	514,8
	(+6,8)	(+3,1)	(+5,5)	(+4,7)
Finanzierungsdefizit	57,1	75,7	69,9	55,3
	(+22,5)	(+32,6)	(-7,7)	(-20,9)

1 in Mrd. DM (gerundet); die (nominalen) Veränderungen gegenüber dem Vorjahr jeweils in Klammern.

2 ergibt sich nicht einfach aus der Addition der Eckdaten der Haushalte der Gebietskörperschaften aus den Tabellen 7 bis 9, da deren Finanzbeziehungen untereinander herausgerechnet werden; außerdem sind noch LAF, ERP und EG-Anteile mitenthalten.

3 bis 1983: Ergebnisse der Rechnungsstatistik zuzüglich nicht mehr erfaßter Krankenhäuser der Länder und Gemeinden.

Quelle: Finanzbericht (1986), S. 68.

II. Globale Budgetimpulse

1. Der Aufbau der finanzpolitischen Wirkungsanalyse

Zunächst werden die globalen Budget*impulse* ermittelt, die angesichts der gesamtwirtschaftlichen Rahmenbedingungen der Ausgangslage nachfrage-, angebots- und erwartungsseitg ausgeprägt sind. Hierbei werden Zusammenhänge zwischen der soeben skizzierten quantitativen Konsolidierung des öffentlichen

52 Zum gleichen Ergebnis gelangt auch Hansmeyer (1985), S. 134.

Gesamthaushalts und den jeweiligen globalen finanzpolitischen Impulsindikatoren hergestellt[53]. Anschließend werden diese Impulse vor dem Hintergrund der in der Ausgangsanalyse ermittelten nachfrage-, angebots- und erwartungsseitigen Störungen beurteilt, um die *Wirkungen* auf den privaten Konsum und die Ausrüstungsinvestitionen aufzeigen zu können. Die finanzpolitische Wirkungsanalyse wird abgeschlossen mit einer entsprechend strukturierten Behandlung der Einzelmaßnahmen des Bundes, wobei diese Ergebnisse die Resultate der globalen Analyse zusätzlich präzisieren.

2. *Nachfrageseitige Budgetimpulse*

a) Die Auswahl eines problemadäquaten Budgetkonzepts

Zur Erfassung nachfrageseitiger Budgetimpulse dienen Budgetkonzepte, die die Nachfragewirksamkeit öffentlicher Haushalte dadurch ermitteln, daß sie einen Vergleichshaushalt als Nullpunkt konstruieren und diesem das tatsächliche Budget gegenüberstellen[54]. Die Vorgehensweise ist dabei stets potentialorientiert, da sich das Konjunkturphänomen am besten mit der Schwankung im Auslastungsgrad des gesamtwirtschaftlichen Produktionspotentials erfassen läßt[55]. Bei den restlichen Merkmalen[56], mit Hilfe derer sich solche Meßverfahren charakterisieren lassen, gibt es grundsätzliche Abweichungen vor allem in zwei Punkten:

Zum einen ist je nachdem, wie weitreichend die konjunkturellen Budgeteffekte erfaßt werden sollen, zu unterscheiden, ob das Konzept den reinen Impuls oder die Gesamtwirkung mißt, die aus dem auf dem Impuls aufbauenden Multiplikatorprozeß resultiert; zum anderen ist im Hinblick auf die konjunkturneutrale Bezugsgröße zu trennen, ob sich das Konzept an der Vorperiode oder an einer eher mittelfristig angelegten Basisperiode orientiert. Diese unterschiedlichen Konstruktionsmerkmale sind im Hinblick auf unsere Fragestellung folgendermaßen zu beurteilen:

Bezüglich der ersten Alternative genügt eine Impulsanalyse, da es nur darum geht, inwieweit nachfrageseitige Budgetimpulse die als multiplikative Sekundärwirkungen interpretierbare Belebung des privaten Konsums und der Ausrüstungsinvestitionen beeinflußt haben.

---

[53] Dabei ist bei den angebots- und erwartungsseitigen Meßgrößen zu beachten, daß auf diese auch Einflüsse eingewirkt haben können, die nicht von der Finanzpolitik induziert worden sind.

[54] Vgl. hierzu die entsprechende Passage bei der Herleitung der Impulsindikatoren.

[55] Vgl. Leibinger (1985), S. 205.

[56] Eine vollständige Auflistung findet sich bei Härtel (1982), S. 725-726.

Im Hinblick auf die zweite Alternative ist ein Vorjahresvergleich adäquater, da es in erster Linie darauf ankommt, die Nachfragewirksamkeit der öffentlichen Haushaltspolitik von anderthalb Jahren zu beurteilen[57]. Allerdings werden in dieser kurzfristigen Sicht nur Budgetveränderungen und nicht das absolute Budgetniveau erfaßt. Da dieses primär für die Erwartungen der Wirtschaftssubjekte von Bedeutung ist[58], ist dieser Einwand daher mit dem Hinweis auf die spätere erwartungsseitige Analyse entkräftbar.

Damit ist ein auf einem Vorjahresvergleich basierendes Impulskonzept für unsere Problemstellung angemessen. Eine solche Merkmalskombination weist nur das Nachfrageimpulskonzept des Deutschen Instituts für Wirtschaftsforschung und der konjunkturbereinigte Budgetsaldo auf. Das Konzept des konjunkturneutralen Haushalts des Sachverständigenrates zur Begutachtung der gesamtwirtschaftlichen Entwicklung mißt zwar auch Impulse, verwendet dafür aber einen Basisperiodenvergleich; das von LENK für das ifo-Institut für Wirtschaftsforschung entwickelte Konzept der Fiskalindikatoren verwendet zwar einen Vorjahresvergleich, mißt dafür aber die Gesamtwirkung[59]. Im folgenden wird allein auf das DIW-Konzept abgestellt, da es beim konjunkturbereinigten Budgetsaldo für die Bundesrepublik Deutschland keine Zahlen gibt.

b) Das Ausmaß des nachfrageseitigen Entzugs

Beim DIW-Impulskonzept werden die nachfrageseitigen Impulse folgendermaßen ermittelt: Die verschiedenen inlandswirksamen Einnahme- und Ausgabekategorien der Vorperiode, die mit dem Anstieg des nominalen gesamtwirtschaftlichen Produktionspotentials fortgeschrieben wurden, werden den entsprechenden aktuellen Werten gegenübergestellt, wobei aus den Abweichungen die jeweiligen Impulse abgeleitet werden. Sind beispielsweise bei einer Ausgabekategorie die tatsächlichen Ausgaben größer als die potentialorientierten, liegen positive Ausgabeimpulse vor; unterschreiten die tatsächlichen Einnahmen die potentialorientierten, liegen geringere Entzugswirkungen vor.

Der letzte Fall ist beispielsweise auch dann gegeben, wenn Steuermindereinnahmen im Zuge einer Konjunkturschwäche insofern hingenommen werden, als auf kompensierende Steuererhöhungen und/oder Ausgabereduktionen zugunsten einer Ausweitung der Kreditaufnahme verzichtet wird. Das damit einhergehende Unterschreiten der tatsächlichen Einnahmen unter die potentialorientierten stellt einen positiven Einnahmeimpuls und angesichts der Konjunkturschwäche auch expansiven Vorgang dar, da das Unterlassen kompensierender Maßnahmen ent-

57 Vgl. Leibinger (1985), S. 210.

58 Vgl. Sachverständigenrat (1982), Tz. 183, S. 116.

59 Vgl. die entsprechenden Passagen in den Jahresgutachten des Sachverständigenrates bzw. Lenk (1979).

sprechende restriktive Impulse vermieden hat. Für die Beurteilung ist demnach allein die *tatsächliche* realwirtschaftliche Entzugswirkung, die vom Steuersystem ausgeht, entscheidend[60]. Da dieses Kalkül entsprechend auch auf konjunkturbedingte Ausgabeänderungen übertragen werden kann, werden demzufolge die Wirkungen aller in das Budget eingebauten konjunkturellen Stabilisatoren miterfaßt.

Demgegenüber werden die Gewinnabführungen der Bundesbank an den Bundeshaushalt aus diesem Konzept eliminiert; denn diese werden hierbei als Einnahmekategorie aufgefaßt, die im Gegensatz zu den übrigen Einnahmen des Bundes keine realwirtschaftliche Entzugswirkung auf den privaten Sektor haben, da der überwiegende Teil der Ertragsquellen des Bundesbankgewinns aus Zinseinnahmen aus Auslandsanlagen und aus realisierten Kursgewinnen bei Devisenmarktinterventionen besteht[61].

Das DIW-Impulskonzept gelangt für die Jahre 1979 bis 1985 zu folgenden Ergebnissen:

Tabelle 11: **Komponenten der Nachfrageimpulse (Gebietskörperschaften)**[62]

	1979	1980	1981	1982	1983[1]	1984[2]	1985[2]
				in Mrd. DM			
Steuern[3]	-0,4	3,7	19,9	14,1	-2,6	-10,0	-7,0
Sonstige Einnahmen[4]	-1,9	-0,4	-0,7	0,7	0,4	-1,5	-0,5
Einnahmen insgesamt	-2,3	3,3	19,2	14,8	-2,2	-11,5	-7,5
Staatsverbrauch[5]	2,5	1,6	-0,9	-7,5	-3,7	-2,5	-2,0
Bruttoinvestitionen	3,0	2,4	-7,6	-8,3	-5,4	-2,5	-0,5
Transfers[6]	-4,3	-2,3	-1,9	-4,4	-10,1	-2,0	-7,0
Ausgaben insgesamt	1,2	1,7	-10,4	-20,2	-19,2	-7,0	-9,5
Nachfrageimpulse insgesamt	-1,1	5,0	8,8	-5,4	-21,4	-18,5	-17,0
Zinsausgaben	1,1	2,9	4,7	6,3	4,6	1,1	0,3
Wirkungen auf das reale BSP in %[7]	-0,1	0,3	0,6	-0,3	-1,3	-1,1	-0,9

1 vorläufiges Ergebnis
2 Schätzung
3 Investitionszulagen abgesetzt
4 ohne Bundesbankgewinne
5 ohne Abschreibungen
6 einschließlich Investitionszulagen, die im System der VGR als Ausgaben verbucht werden
7 ohne Multiplikatoreffekte
Quellen: Teichmann/Vesper (1984), S. 494; Hickel/Priewe (1985), S.9.

[60] Vgl. Flassbeck/Vesper (1986), S.131.

[61] Vgl. Vesper (1985), S. 40-41.

[62] In dieser Tabelle sind die einzelnen Einnahme- und Ausgabe-Kategorien nach der VGR abgegrenzt, die Parafisci sind nicht enthalten, und die Zinsausgaben sind nicht in die globalen Nachfrageimpulse integriert. Aus aktuelleren DIW-Publikationen (vgl. Vesper (1987), S.475

Die globalen Nachfrageimpulse[63] seitens der Gebietskörperschaften waren nach einem negativen Wert im Jahre 1979 in den Jahren 1980 und 1981 positiv. Ab 1982 verstärkten sich die restriktiven nachfrageseitigen Einflüsse zunehmend, wobei das relative Maximum im Jahr 1983 erreicht wurde. Die Werte des für unsere Betrachtung relevanten Zeitraums zwischen Mitte 1981 und Ende 1982 sind vor dem Hintergrund einer sich deutlich abschwächenden konjunkturellen Entwicklung folgendermaßen zu beurteilen:

Der auf das zweite Halbjahr 1981 bezogene Wert ist als nur mäßig antizyklisch zu interpretieren, zumal man angesichts des Übergangs in den restriktiven Bereich im Jahr 1982 von abnehmenden expansiven Impulsen im Jahresverlauf ausgehen kann; der für das Jahr 1982 ausgewiesene Wert ist sogar als prozyklisch einzustufen. Damit wird verdeutlicht, inwieweit die finanzpolitischen Nachfrageimpulse durch die quantitative Konsolidierung des öffentlichen Gesamthaushalts vermindert wurden. Die ab 1983 im Vergleich zu 1982 deutlich restriktiveren Werte zeigen aber gleichzeitig, daß der Hauptteil des konsolidierungsbedingten nachfrageseitigen Entzugs erst nach der konjunkturellen Umkehrbewegung Ende 1982 wirksam wurde. Die Daten[64] aus der vorigen Maßnahmenanalyse bestätigen dieses Verlaufsmuster:

Das Finanzierungsdefizit des öffentlichen Gesamthaushalts wuchs im Jahr 1981 im Vergleich zum Vorjahr noch um 32,6 %, um dann 1982 um 7,7 % und erst im Jahr 1983 deutlicher um 20,9 % zu fallen. Demnach erfolgte der wesentliche Abbau des Finanzierungsdefizits erst 1983, was in differenzierter Betrachtung auch auf jede Gebietskörperschaft zutrifft. Dies ist umso bemerkenswerter, als — wie zuvor abgeleitet — im Vergleich zum Bund die Konsolidierung der Länderhaushalte früher einsetzte und bei den kommunalen Hauhalten ein höheres Konsolidierungstempo zu beobachten war. Eine Erklärung für dieses anfänglich langsame Konsolidierungstempo der öffentlichen Haushalte insgesamt und den dadurch zeitlich verzögerten Nachfrageentzug ist aus Tabelle 11 ableitbar, in der die Nachfrageimpulse nach den wichtigsten Ausgabe- und Einnahmekategorien differenziert sind:

In den Jahren 1981 bzw. 1982 wurden die restriktiven ausgabeseitigen Impulse von den noch expansiven einnahmeseitigen Impulsen überkompensiert bzw. kompensiert. Dabei beruhte dieses expansive Element auf der Einnahmeseite beinahe ausschließlich auf den Steuereinnahmen. Da — wie die vorige Maßnahmenanalyse gezeigt hat — Steuersenkungen in größerem Umfang nicht vorgenommen wurden, müssen diese expansiven Impulse auf der Hinnahme konjunk-

---

bzw. Teichmann/Vesper (1986), S. 438) läßt sich für die globalen Nachfrageimpulse rückschließen, daß das vorläufige Ergebnis für 1983 übernommen werden kann, wohingegen die Schätzungen für 1984 etwas zu restriktiv (realistischer wäre -15 bis -16 Mrd. DM) bzw. für 1985 deutlich zu restriktiv (realistischer wäre ca. -10 Mrd. DM) ausgefallen sind.

[63] Vgl. hierzu Tabelle 11 und die graphische Darstellung in Abbildung 1.

[64] Vgl. hierzu die Tabellen 7, 8, 9 und 10.

turbedingter Steuermindereinnahmen basieren. Dies läßt sich folgendermaßen begründen:

Die Hinnahme konjunkturbedingter Steuermindereinnahmen führte zu konjunkturellen Defiziten im engeren Sinne[65]. Tatsächlich hat sich — wie Abbildung 2 als Differenz zwischen dem tatsächlichen und dem strukturellen Defizit ausweist — die konjunkturelle Komponente des Finanzierungssaldos des öffentlichen Gesamthaushalts in den Jahren 1981 und 1982 im Vergleich zu 1980 deutlich erhöht, wohingegen das strukturelle Defizit[66] ab 1981 kontinuierlich abnahm. Eine Aufschlüsselung dieser konjunkturellen Komponente — wie etwa in Tabelle 12 — ergibt außerdem, daß die Ausweitung des konjunkturellen Defizits zum größten Teil auf auslastungsbedingte Steuermindereinnahmen zurückzuführen ist. Erst als sich 1983 diese konjunkturbedingten Einnahmeausfälle infolge der konjunkturellen Belebung verminderten, gingen auch von der Einnahmeseite restriktive Nachfrageimpulse aus, die den weiterhin restriktiven ausgabeseitigen Nachfrageentzug noch verstärkten[67]. Dies bedeutet gleichzeitig, daß die Effizienz einer ausgabeseitigen Budgetkonsolidierung durch das Entstehen konjunktureller Defizite im engeren Sinne kurzfristig vermindert werden kann, was demgegenüber bei einer direkten Orientierung an der Nettoneuverschuldung nicht der Fall wäre.

Abbildung 1

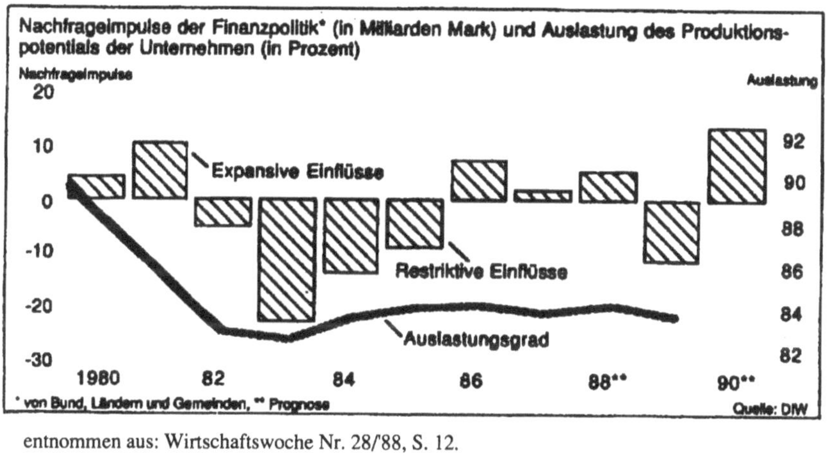

entnommen aus: Wirtschaftswoche Nr. 28/'88, S. 12.

---

[65] Auf die konjunkturellen Defizite im weiteren Sinne wird erst später eingegangen, da diese durch konjunkturpolitisch motivierte Einzelmaßnahmen induziert werden; zu dieser Einteilung der Defizitkomponenten vgl. Ehrlicher (1979), S.30-34.

[66] In Abgrenzung des Sachverständigenrates zur Begutachtung der gesamtwirtschaftlichen Entwicklung ist dies der Teil des Finanzierungssaldos der Gebietskörperschaften, der auch in einer konjunkturellen Normallage dauerhaft die potentialorientierte Verschuldung übersteigt.

[67] Vgl. hierzu Tabelle 11.

Abbildung 2

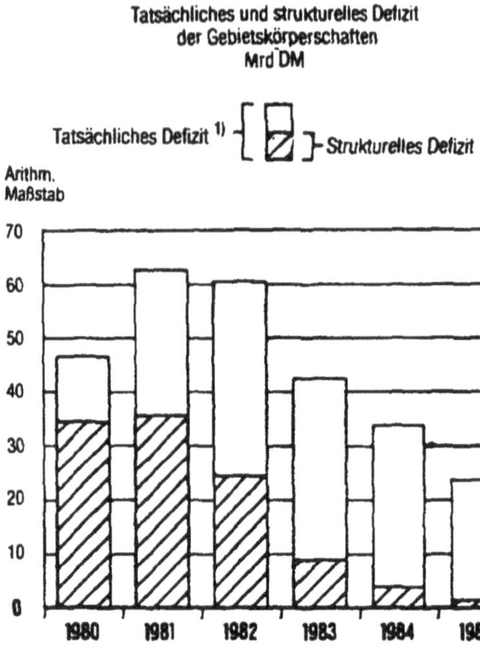

1) Finanzierungssaldo des öffentlichen Gesamthaushalts
Quelle: Sachverständigenrat (1985), S. 86 (Schaubild 27).

Festzuhalten bleibt, daß das langsame Konsolidierungstempo zwischen Mitte 1981 und Ende 1982 auf das Entstehen konjunktureller Defizite im engeren Sinne zurückzuführen ist. Hierdurch wirkte der Hauptteil der restriktiven Nachfrageimpulse seitens der Gebietskörperschaften erst 1983 und damit nach der konjunkturellen Umkehrbewegung auf die wirtschaftliche Entwicklung ein.

3. Angebotsseitige Budgetimpulse

a) Die Daten

Das Kapitalmarktzinsniveau war zuvor als globaler angebotsseitiger Indikator finanzpolitischer Impulse hergeleitet worden. Dementsprechend konzentriert sich die folgende Ermittlung angebotsseitiger Budgetimpulse auf die Frage, inwieweit die quantitative Konsolidierung des öffentlichen Gesamthaushalts die

Tabelle 12: **Kurzfristiges Defizit der öffentlichen Haushalte (ohne Sozialversicherung) 1982 (in Mrd. DM)**

Konjunkturelles Defizit	20,2
darunter:	
auslastungsbedingte Steuermindereinnahmen	12,2
Mehrausgaben infolge konjunktureller Arbeitslosigkeit	7,5
kurzfristige Mehrausgaben für Konjunkturprogramme	0,6
außerordentliche Mehrausgaben aufgrund des anomal hohen Zinsniveaus	1-2
außerordentliche Mehrausgaben aufgrund in Kürze auslaufender nicht-konjunktureller Sonderprogramme	1,8
bereits beschlossene, aber erst in den Jahren 1983/84 wirksam werdende Entlastungen im Rahmen des Subventionsabbaugesetzes 1981 und der „Operation '82"	3,2
abzüglich: außerordentliche Mehreinnahmen aufgrund der anomal hohen Gewinnabführung der Deutschen Bundesbank an den Bund	-7
kurzfristiges Defizit insgesamt	19-20

Quelle: Rohwer (1983), S. 311.

Entwicklung des Kapitalmarktzinsniveaus beeinflußt hat. Da auf diesen Impulsindikator auch Einflüsse eingewirkt haben können, die nicht von der Finanzpolitik induziert worden sind, sind spätere Analysen der übrigen Determinanten des Kapitalmarktzinses zur Präzisierung des Ergebnisses notwendig. Dabei wurde das inländische Kapitalmarktzinsniveau angesichts desselben Impulsindikators von der Geldpolitik und wegen des damaligen internationalen Zinszusammenhangs (insbesondere zu den Vereinigten Staaten von Amerika)[68] vom weltweiten Zinsniveau ebenfalls beeinflußt. Demzufolge ist die in Tabelle 13 zusammengestellte Übersicht zur öffentlichen Verschuldung und zum Kapitalmarktzins ergänzt um Daten zum geldpolitischen Kurs und zum US-Kapitalmarktzins.

b) Der Einfluß auf das Kapitalmarktzinsniveau

Aus Tabelle 13 ergibt sich, daß sich ab dem für unsere Überlegungen relevanten dritten Quartal 1981 das Finanzierungsdefizit des öffentlichen Gesamthaushalts und das Kapitalmarktzinsniveau parallel vermindern. Hieraus könnte man

[68] Zu den Ursachen vgl. den Gliederungspunkt E.II.2. im zweiten Teil sowie auch Hölterhoff (1981).

Tabelle 13: **Bestimmungsfaktoren der Kapitalmarktzinsentwicklung**

Jahr (Quartal)		nominaler Kapitalmarktzins[a)]	Finanzierungsdefizit des öffentlichen Gesamthaushalts[b)] (in Mrd.DM)	Zuwachsrate der Zentralbankgeldmenge gegenüber dem Vorjahresquartal[c)] (in%)	US-Kapitalmarktzins[d)] (nominal)
1980	I	8,7		5,5	12,1
	II	8,9	57,1	4,5	10,1
	III	8,1		4,4	11,2
	IV	8,9		4,9	11,5
1981	I	9,8		4,9	13,3
	II	10,8	75,7	4,5	13,9
	III	11,3		4,7	15,7
	IV	10,2		3,6	13,7
1982	I	9,8		3,7	13,9
	II	9,1	69,9	4,8	14,3
	III	9,2		5,0	12,3
	IV	8,2		6,1	10,6

a) Entnommen aus Tabelle 4 (dort auch nähere Erläuterungen in der Fußnote).
b) Entnommen aus Tabelle 10.
c) Absolutwerte in der Abgrenzung der Deutschen Bundesbank (Zentralbankgeldmenge zu konstanten Reservesätzen, Basis: Januar 1974), aus: ifo Spiegel der Wirtschaft 1986/87, Fl.
d) Ertragsrate langfristiger Staatspapiere; Quelle: OECD, Main Economic Indicators, Februar 1983, S. 86 bzw. Juli 1981, S. 74.

folgern, daß die schwächere Beanspruchung der Finanzmärkte durch den Staat allein zu dieser Kapitalmarktentspannung geführt hat, die ihrerseits bei unterstellter Zinselastizität die private Nachfrage belebt hat[69]. Diese Schlußfolgerung wäre jedoch vorschnell, da Tabelle 13 auch eine gleichzeitig stärkere Ausweitung der Zentralbankgeldmenge insbesondere im Jahre 1982 und ein sinkendes US-Kapitalmarktzinsniveau ausweist. Daher ist im folgenden zu prüfen, wie hoch der Anteil der Konsolidierung der öffentlichen Haushalte an der Kapitalmarktzinssenkung zu veranschlagen ist.

Einen ersten Anhaltspunkt hierfür liefert die Beantwortung der Frage, ob sich der vorangegangene Zinsanstieg in einen Zusammenhang mit der ab 1980 deutlich wachsenden Nettoneuverschuldung bringen läßt; denn dies legt nahe, auch im weiteren Verlauf von einer Korrelation zwischen beiden Größen — wenn auch unter umgekehrten Vorzeichen — auszugehen. Empirische Untersuchungen gelangen dabei bezogen auf den Zeitraum zwischen 1980 und Mitte 1981 zu folgenden Ergebnissen:

Im RWI-Konjunkturmodell, das eine kreditfinanzierte Erhöhung der öffentlichen Investitionen in diesem Zeitabschnitt simuliert, wird ein zinsbedingtes crowding-out weitgehend ausgeschlossen[70]. Demgegenüber leitet die Bundesbank in einer Untersuchung mit gleicher Methodik eine leichte, vor allem über ein steigendes Preisniveau induzierte Steigerung der Nominalzinssätze ab[71]. Die portfoliotheoretisch fundierte Untersuchung des ifo-Instituts sieht neben Geldentwertung, Investitionsschwäche und restriktiver Geldpolitik auch in der Staatsverschuldung einen Einflußfaktor für den Zinsanstieg im Jahre 1981[72]. Im Rahmen des DIW-Impulskonzepts wird abgeleitet, daß im Jahre 1980 schon eine recht geringe Abweichung des Defizits vom Potentialpfad eine vergleichsweise große Zinsänderung induziert hat[73], so daß auch unter ähnlichen Bedingungen im Jahr 1981 eine crowding-out-Konstellation nicht ausgeschlossen werden kann[74].

Damit wird ein — wenn auch nur schwach ausgeprägter — zinsbedingter crowding-out-Zusammenhang im Vorstadium empirisch gestützt. Daneben gibt es noch weitere Indizien einer staatlich induzierten Kapitalmarktanspannung. So kam es in dieser Phase gelegentlich zu einem stockenden Absatz von staatlichen

69 Dies würde gleichzeitig eine Substitution der staatlichen durch die private Kapitalnachfrage bedeuten. Da man diese im umgekehrten Fall als zinsbedingten crowding-out-Effekt bezeichnet, könnte man in diesem Zusammenhang von einem zinsbedingten crowding-in-Effekt sprechen. Schließlich ist noch darauf hinzuweisen, daß die folgende Impulsanalyse nicht auf den Gesamteffekt abstellt; da dies aber viele empirische Studien bei unterstellter Zinselastizität der privaten Nachfrage tun, wird der crowding-out(in)-Begriff zum Teil hier schon verwendet.

70 Vgl. Heilemann (1983).

71 Vgl. Deutsche Bundesbank (Hrsg., 1982).

72 Vgl. Sherman u.a. (1986), S. 94-98.

73 Vgl. Vesper/Zwiener (1982), S. 594.

74 Vgl. Pohl (1981), S. 310.

Schuldtiteln[75]. Außerdem wurden im Jahre 1980 rund 40 % der marktmäßig aufgenommenen Kredite im Ausland beschafft, im Jahre 1981 stieg das absolute Niveau noch um 3 Mrd. DM[76].

Aus dieser Diagnose ergibt sich, daß man ab Mitte 1981 von einem Zusammenhang zwischen der Konsolidierung der öffentlichen Haushalte und dem Sinken des Kapitalmarktzinsniveaus ausgehen kann. Allerdings ist dieser konsolidierungsbedingte Zinssenkungsimpuls aus mehreren Gründen als eher gering zu veranschlagen:

Zunächst war der zuvor abgeleitete crowding-out-Effekt recht schwach ausgeprägt. Hinzu kommt, daß selbst bei einer stärkeren Korrelation der eigentliche Impuls insofern nicht sehr groß gewesen wäre, als das anfänglich langsame Konsolidierungstempo das Finanzierungsdefizit des öffentlichen Gesamthaushalts im Jahre 1982 vergleichsweise gering reduziert hat[77]. Damit wird die Ambivalenz zwischen dem im vorigen Abschnitt als eher gedämpft abgeleiteten Nachfrageentzug einerseits und dem nur schwachen Zinssenkungsimpuls andererseits offenkundig. Schließlich wird diese Einschätzung gestützt von der Untersuchung des ifo-Instituts; denn diese kommt zum Ergebnis, daß im Jahre 1982 die Konsolidierungspolitik für sich genommen lediglich eine Zinssenkung von 0,2 Prozentpunkten bewirkt hätte[78].

Ein genaueres Urteil hierüber ist jedoch erst dann möglich, wenn im Rahmen der geldpolitischen Analyse bzw. der Analyse des internationalen Zinszusammenhangs der Einfluß der übrigen Determinanten des Kapitalmarktzinsniveaus erörtert worden ist.

4. *Erwartungsseitige Budgetimpulse*

a) Die Daten

Zuvor waren das Konsumklima für den privaten Verbrauch und das Geschäftsklima für die Ausrüstungsinvestitionen waren zuvor als globale erwartungsseitige Indikatoren finanzpolitischer Impulse zugrundegelegt worden. Dementsprechend konzentriert sich die folgende Ermittlung erwartungsseitiger Budgetimpulse auf die Frage, inwieweit die Beschlüsse zur quantitativen Konsolidierung des öffentlichen Gesamthaushalts die Entwicklung dieser Stimmungsindikatoren

---

[75] Vgl. Pohl (1981), S. 309-310, auch wenn dieser erst bei zukünftig weiter anwachsenden Staatsdefiziten ein Mißtrauen der Anleger diagnostizieren wollte.

[76] Quelle: Geschäftsberichte der Deutschen Bundesbank im Jahr 1980 (S. 16-18) bzw. 1981 (S. 37-38).

[77] Vgl. Tabelle 13; ähnlich argumentiert auch Müller (1983), S. 342.

[78] Vgl. Sherman u.a. (1986), S. 99.

beeinflußt haben. Da auch auf diese Einflüsse eingewirkt haben können, die nicht von der Finanzpolitik induziert worden sind, sind spätere Analysen der Faktoren, die außerdem das Konsum- und das Geschäftsklima innerhalb des Beobachtungszeitraums beeinflußt haben, ebenfalls notwendig. Demnach kann es sich nur um solche Faktoren handeln, die bisher nach Einschätzung der privaten Wirtschaftssubjekte eine wirtschaftliche Erholung behindert haben, bei denen jedoch ab Mitte 1981 eine Trendumkehr festzustellen war:

Dies trifft zunächst auf die Geldpolitik zu, da die Lockerung des restriktiven Kurses im Laufe des Jahres 1982 immmer deutlicher erkennbar wurde[79]. Zum anderen fällt hierunter auch die innenpolitische Lage, da die Regierungskrise innerhalb der sozial-liberalen Koalition durch die Bildung einer christlich-liberalen Koalition im Oktober 1982 beendet wurde[80]. Demgegenüber sind die Lohnpolitik und die Entwicklung der Weltrohstoffpreise als erwartungsverbessernde Faktoren auszuschließen, da — wie Tabelle 4 ausweist — bereits Anfang 1981 Indizien für eine moderatere Lohnpolitik und für eine Stabilisierung des Preisschubs bei den Weltrohstoffen bestanden. Aus Tabelle 4 ist ebenso ersichtlich, daß der US-Dollarkurs auch nicht als zusätzlicher Einflußfaktor berücksichtigt werden muß; denn der ab 1980 einsetzende Trend einer schwächeren Notierung mit einer entsprechenden Beeinträchtigung der deutschen Exportchancen kehrte sich erst im Verlauf des Aufschwungs um. Schließlich vollzieht sich die Trendumkehr beim Kapitalmarktzinsniveau ab dem vierten Quartal 1981[81] zwar innerhalb des Beobachtungszeitraums; diese braucht jedoch nicht gesondert aufgeführt zu werden, da sie von Investoren und Konsumenten wohl sehr stark mit dem finanz- und geldpolitischen Kurs in Zusammenhang gebracht wurde und der Einfluß des jeweiligen Kurses auf das Kapitalmarktzinsniveau in den entsprechenden angebotsseitigen Analysen aufgegriffen wird.

Dementsprechend ist die in Tabelle 14 zusammengestellte Übersicht zum finanzpolitischen Konsolidierungskurs und zu den Stimmungsindikatoren lediglich ergänzt um den geldpolitischen Kurs und um allgemeinpolitische Ereignisse.

b) Der Einfluß auf die Erwartungen der Wirtschaftssubjekte

Ab dem für unsere Überlegungen relevanten dritten Quartal 1981 fallen die Konsolidierungsanstrengungen der Gebietskörperschaften in eine Phase, in der

[79] Dies wird in der geldpolitischen Maßnahmenanalyse noch genauer herausgearbeitet. Außerdem wird in der Analyse erwartungsseitiger Geldmengenimpulse eine Trendumkehr insofern erkennbar, als aus Sicht der privaten Wirtschaftssubjekte ab Anfang 1982 ein eher expansiver geldpolitischer Kurs angemessen war.

[80] Quelle: Vgl. Fußnote e) in der folgenden Tabelle 14.

[81] Vgl. Tabelle 13.

Tabelle 14: **Einflüsse auf das Stimmungsbild im privaten Sektor**

Jahr (Quartal)		Konsumklima[a] (1975=100)	Geschäftsklima[b] (verarb. Gewerbe)	Globale finanzpol. Konsolidierungsaktivitäten[c]	Vorgabe u. Einhaltung v. Geldmengenzielen[d]	Allgemeinpol. Ereignisse[e]
1979	IV	108,7	+1		5-8 %	Iran nimmt US-Geiseln; sowj. Einmarsch in Afghanistan
1980	I	101,0	-3	Bund ohne stabilisierungs- und schuldenpolitisches Gesamtkonzept	restrikt. Kurs (Korridor wird unterschritten) 4-7 %	SPD/FDP-Koalition wird bestätigt; Reagan wird neuer US-Präsident
	II	102,0	-16			
	III	101,0	-25			
	IV	95,0	-29			
1981	I	88,0	-32	Länder u. Gemeinden auf Konsolidierungskurs; Grundsatzbeschluß + Operation '82 d. Bundes; Nachoperationen '82 d. Bundes	Verschärfung d. restrikt. Kurses (am unteren Ende d. Korridors) 4-7 %	prekäre Lage in Polen zunehmend. Dissens innerhalb der sozial-liberalen Koalition
	II	86,0	-31			
	III	82,0	-24			
	IV	83,0	-22			
1982	I	83,0	-28		Behutsame Lockerung (Bewegung hin zur Mitte des Korridors)	
	II	89,0	-32			
	III	84,0	-40	Konsolidierungskurs d. Bundes (Reg. Schmidt); Operation '83 d.B. (Reg. Kohl)		
	IV	83,0	-35			Reg.wechsel (CDU/CSU/FDP-Koalition)
1983	I	97,0	-21			CDU/CSU/FDP-Koal. wird bestätigt
	II	110,7	-14			
	III	105,7	-6			
	IV	106,3	+3			

a) Quelle: ifo Spiegel der Wirtschaft 1987/88, L4.
b) Quelle: ifo Spiegel der Wirtschaft 1987/88, G5 (es wurden jeweils die quartalsmittleren Monatswerte verwandt).
c) Entnommen aus der finanzpolitischen Maßnahmenanalyse (Abschnitt B.I. des zweiten Teils).
d) Entnommen aus der geldpolitischen Maßnahmenanalyse (Abschnitt C.I. des zweiten Teils).
e) Quelle: Knaurs Weltspiegel (verschiedene Jahrgänge).

— wie aus Tabelle 14 hervorgeht — die Verschlechterung des Konsum- und des Geschäftsklimas beendet wird und sich die Stimmung im privaten Sektor verbessert. In den ersten drei Quartalen bzw. im dritten Quartal des Jahres 1982 verschlechterten sich die Erwartungen der Investoren bzw. der Verbraucher wiederum, so daß sich der Stimmungsumschwung erst gegen Jahresende stabilisierte. Allerdings sollte der kurzfristige Rückgang beim Konsumklima nicht überbewertet werden, da der Wert im zweiten Quartal 1982 auch als Ausreißer nach oben interpretierbar ist.

Hieraus könnte man folgern, daß die Beschlüsse zur Konsolidierung der öffentlichen Haushalte allein diesen Stimmungsumschwung bewirkt haben, der seinerseits die private Nachfrage belebt hat.[82] Diese Schlußfolgerung wäre jedoch vorschnell, da gleichzeitig der geldpolitische Restriktionskurs gelockert wurde und sich die innenpolitische Lage durch die neue Regierungskoalition stabilisierte[83]. Daher ist im folgenden zu untersuchen, welchen Anteil den Konsolidierungsbemühungen an der optimistischeren Erwartungshaltung im privaten Sektor beizumessen ist.

Genau wie bei der Erörterung des Ausmaßes der Kapitalmarktentlastung kann einen ersten Hinweis die Beantwortung der Frage ergeben, ob die vorangegangene Stimmungsverschlechterung im privaten Sektor ab dem Beginn der achtziger Jahre durch die fehlende Konsolidierung der Haushalte der Gebietskörperschaften mitverursacht wurde; denn ein derartiger Zusammenhang in dieser Phase läßt den Schluß zu, auch im weiteren Verlauf von einer Korrelation zwischen beiden Größen — wenn auch unter umgekehrten Vorzeichen — auszugehen.

Im Gegensatz zur vorigen Diskussion über die Existenz eines zinsbedingten crowding-outs ist hierbei die Diagnose eindeutiger. Bereits vor dem im zweiten Quartal einsetzenden Konjunktureinbruch waren die Erwartungen von Investoren und Konsumenten durch die stark angestiegene Staatsverschuldung in den siebziger Jahren und der damit verbundenen Einschränkung des finanzpolitischen Handlungsspielraums beeinträchtigt, die etwa im steigenden Anteil der Zinsausgaben an den Gesamtausgaben aller Gebietskörperschaften von 5,0 % im Jahr 1978 auf 8,0 % im Jahr 1982 zum Ausdruck kommt[84]. Überdies hielten die Wirtschaftssubjekte nach dem Konjunktureinbruch im zweiten Quartal 1980 eine

---

82 In Analogie zum vorigen zinsbedingten crowding-in-Effekt könnte man in diesem Zusammenhang von einem erwartungsbedingten crowding-in-Effekt sprechen. Dieser wird in der Literatur (vgl. etwa Duwendag (1983), S. 72-81 oder Dieckheuer (1980), S. 142-143) auch als realwirtschaftliches crowding-in bezeichnet, das eine Beziehung zwischen abnehmender öffentlicher Verschuldung und positiver Zukunftseinschätzung der Wirtschaftssubjekte herstellt; zur Begründung für das frühzeitige Abstellen auf den Effekt sei auf die entsprechenden Ausführungen in Fußnote 69 verwiesen.

83 Vgl. Tabelle 14.

84 In Abgrenung der Finanzstatistik; Quelle: Institut der Deutschen Wirtschaft (Hrsg.), Zahlen zur wirtschaftlichen Entwicklung der Bundesrepublik Deutschland 1987, Köln 1987, Tabelle 41.

rasche und deutliche Konsolidierung der Staatsfinanzen wegen des Konflikts zu den konjunkturpolitischen Erfordernissen für unwahrscheinlich. Ihre negative Erwartungshaltung wurde auch nicht durch die Aussicht von finanzpolitischen Maßnahmen zur Rezessionsbekämpfung verbessert, da sie die Erfolgschancen konjunkturpolitischer Eingriffe zunehmend skeptisch beurteilten und damit bei weiter wachsenden öffentlichen Defiziten eher von einer stärkeren Inflationierung als von zusätzlicher realer Nachfrage ausgingen. Investoren und Konsumenten rechneten deshalb auf mittlere Sicht mit Steuererhöhungen und/oder Staatsausgabenreduktionen, die im Vergleich zu einer sofort eingeleiteten Konsolidierung der öffentlichen Defizite wesentlich stärker ausfallen müßten. Sie erwarteten deshalb eine deutliche Verschlechterung ihrer zukünftigen Einkommens- und Gewinnsituation[85].

In dieser Situation kam — wie die Maßnahmenanalyse gezeigt hat — erschwerend hinzu, daß dem Bund eine schuldenpolitische Strategie insbesondere bei der Erstellung des Haushalts 1981 fehlte; dies dürfte die Erwartungen der Wirtschaftssubjekte in psychologischer Hinsicht zusätzlich verschlechtert haben. Daran ändert auch der Tatbestand nichts, daß Länder und Gemeinden für dasselbe Haushaltsjahr bereits eine Konsolidierungslinie über eine Reduktion ihrer Ausgaben verfolgten. Dies ist wohl darauf zurückzuführen, daß der finanzpolitische Kurs des Bundes von der Öffentlichkeit stets am stärksten beachtet werden dürfte[86]. Außerdem ging das Finanzierungsdefizit bei den Kommunen wegen der im Vergleich zu den anderen Gebietskörperschaften überdurchschnittlichen Einnahmeausfälle erst 1982 zurück[87].

Damit kann man für den Zeitraum von 1980 bis Mitte 1981 einen erwartungsbedingten crowding-out-Zusammenhang unterstellen. Hieraus läßt sich auf eine erwartungsbedingte crowding-in-Konstellation im weiteren Verlauf rückschließen, die aufgrund mehrerer Indizien deutlich ausgeprägt war[88]:

So hat der ab dem dritten Quartal 1981 erkennbare Konsolidierungskurs des Bundes sicherlich zum Stimmungsumschwung im privaten Sektor beigetragen. Auch wenn die daraus resultierenden Maßnahmen erst im Laufe des Jahres 1982 in Kraft traten und nur von Teilen der damaligen sozial-liberalen Koalition mitgetragen wurden, dürften die Beschlüsse zu einem positiveren Erwartungsklima beigetragen haben. Dies umso mehr, als die Wirtschaftssubjekte die mit den Ausgabereduktionen und Steuererhöhungen verbundene Reduktion ihrer Einkommen im Vergleich zu den Einschränkungen als gering ansahen, die aus später eingeleiteten Konsolidierungsmaßnahmen resultieren würden.

[85] Derartige Transmissionen werden skizziert beim Sachverständigenrat (1981), S. 209, bei Geiger (1985), S. 447 bzw. beim Bundesministerium für Wirtschaft (Hrsg., 1983), S. 51.

[86] Daher soll dieser im weiteren im Vordergrund stehen.

[87] Vgl. Tabelle 9.

[88] Vgl. im folgenden Tabelle 14.

Dementsprechend ist die erneute Verschlechterung der Stimmungslage im Jahre 1982 wohl auch dadurch erklärbar, daß der Bund zunächst keine deutlichen Konsolidierungserfolge vorzuweisen hatte und infolge kontroverser finanzpolitischer Diskussionen im Regierungslager Zweifel an der Verläßlichkeit des Konsolidierungskurses aufkamen[89]. Dabei ist der — wie zuvor angeführt — im Vergleich zum Konsumklima längere Rückschlag beim Geschäftsklima damit begründbar, daß Investoren sensibler als Konsumenten auf solche Vorgänge reagieren dürften. Dies ist vor allem auf den größeren Informationsstand der privaten Investoren zurückzuführen, auch wenn bei den Konsumenten die Sensibilität gegenüber Stimmungswechseln seit Ende der siebziger Jahre zugenommen hat[90].

Schließlich läßt sich konsequenterweise damit auch eine Verbindung zwischen der Erwartungsverbesserung Ende 1982 und dem Sparbeschluß der Regierung Schmidt vom 07.07.1982 bzw. der Operation 1983 vom 27.10.1982 der Regierung Kohl herstellen[91], da beide Vorgänge die Konsolidierungslinie des Bundes bekräftigt haben. Auch wenn sich die Herleitung dieses Zusammenhangs primär auf Plausibilitätsüberlegungen stützt, kann man davon ausgehen, daß in einer solchen Situation die Rückführung der staatlichen Kreditaufnahme die Zukunftserwartungen der privaten Wirtschaftssubjekte verbessert hat[92].

Dieser deutliche Beitrag der Konsolidierungspolitik zur verbesserten Stimmungslage im privaten Sektor wird bei der späteren Diskussion der übrigen Einflüsse der Erwartungsbildung im Rahmen der geldpolitischen Analyse bzw. der Erörterung der innenpolitischen Stabilisierung noch genauer eingeordnet.

5. Die Gesamtwirkung auf die aufschwungsrelevanten makroökonomischen Aggregate

Um den globalen Gesamtimpuls der ab dem dritten Quartal 1981 verfolgten quantitativen Konsolidierung des öffentlichen Gesamthaushalts auf den privaten Konsum und die Ausrüstungsinvestitionen zu ermitteln, sind zunächst die Ergebnisse der differenzierten Impulsanalysen noch einmal zusammengefaßt:

Nachfrageseitig ergaben sich restriktive Impulse. Diese beeinflußten die wirtschaftliche Entwicklung erst nach der konjunkturellen Umkehrbewegung deutlich, da vor allem das Entstehen konjunktureller Defizite im engeren Sinne das Konsolidierungstempo im Beobachtungszeitraum verlangsamte.

---

[89] Vgl. Teichmann/Vesper (1983), S. 464.

[90] Vgl. Rohwer (1988), S. 192.

[91] Vgl. Geiger (1985), S. 447-448.

[92] Vgl. Sachverständigenrat (1983), Tz. 380.

Angebotsseitig wurden auch in Anbetracht einer nur schwach ausgeprägten zinsbedingten crowding-out-Situation zu Beginn der achtziger Jahre nur geringfügige Impulse zur Senkung des Kapitalmarktzinsniveaus abgeleitet.

Erwartungsseitig waren demgegenüber auch angesichts eines zuvor feststellbaren erheblichen Mißtrauens im privaten Sektor gegenüber einer weiteren öffentlichen Kreditaufnahme die Anstöße zur Verbesserung des Konsum- und des Geschäftsklimas deutlicher. Diese Erwartungsimpulse waren allerdings auch in umgekehrter Richtung wirksam, insbesondere hinsichtlich des Rückgangs des Geschäftsklimas in den ersten drei Quartalen des Jahres 1982.

Diese globalen finanzpolitischen Impulse müssen vor dem Hintergrund der Struktur der damaligen gesamtwirtschaftlichen Rahmenbedingungen beurteilt werden. Dabei hatte die Analyse der Ausgangslage des Jahres 1982 ergeben, daß die in den Jahren 1980 und 1981 noch dominierenden angebotsseitigen Störungen sich abschwächten, Nachfragestörungen wieder stärker auftraten und eine verfestigt negative Erwartungshaltung im privaten Sektor vorlag. Für die Beurteilung der Impulse ergibt sich hieraus, daß die expansiven Angebots- und Erwartungsimpulse aufgewertet werden. Dies erhöht die Bedeutung der Angebotsimpulse angesichts ihrer schwachen Ausprägung nur unwesentlich. Die Bedeutung der restriktiven Nachfrageimpulse wird durch eine solche Gewichtung noch weiter relativiert, da die Nachfragestörungen erst nach der konjunkturellen Umkehrbewegung dominierend wurden. Damit sind die Nachfrageimpulse für die Umkehrbewegung von geringer Relevanz. Im Gegensatz hierzu dürften sie die in der Verlaufsanalyse herausgearbeitete Dämpfung des Aufschwungsverlaufs am Anfang mitverursacht haben, da in dieser Phase sowohl der Hauptteil des Nachfrageentzugs die wirtschaftliche Entwicklung beeinflußte als auch die Nachfragestörungen zum dominierenden Faktor wurden.

Damit besteht der globale finanzpolitische Beitrag zum Konjunkturaufschwung 1982/83 in einer ersten Annäherung darin, daß die Konsolidierung der öffentlichen Haushalte die Erwartungen von Konsumenten und Investoren deutlich verbessert und eine leichte Entspannung am Kapitalmarkt bewirkt hat. Dabei ergab sich für die Finanzpolitik der Vorteil, daß es infolge des Entstehens konjunktureller Defizite im engeren Sinne zu einer recht langen Zeitdifferenz zwischen den Konsolidierungsbeschlüssen und deren Nachfragewirkungen kam. Dadurch trat der erwartungsbedingte crowding-in-Effekt noch vor der konjunkturellen Umkehrbewegung auf, wohingegen der Hauptteil des nachfrageseitigen Entzugs erst den weiteren Verlauf des Aufschwungs beeinflußte.

Dies dürfte die Ausrüstungsinvestitionen stärker belebt haben als den privaten Konsum, da man erwartungsseitig — wie oben ausgeführt — davon ausgehen kann, daß Investoren über wirtschaftspolitische Vorgänge besser informiert sind als Konsumenten. Außerdem dürfte unter dem Angebotsaspekt die Zinselastizität der privaten Investitionen im Vergleich zum privaten Verbrauch höher sein.

III. Impulse von Einzelmaßnahmen

1. Problemadäquate Systematik der Einzelmaßnahmen des Bundes

Die zuvor abgeleiteten nachfrage-, angebots- und erwartungsseitigen Budgetimpulse haben die Grundtendenz des finanzpolitischen Beitrags zum Konjunkturaufschwung 1982/83 aufgezeigt. Obwohl diese die Gesamtheit der von der Variation einzelner Budgetposten ausgehenden Anstöße bilden, ist eine gesonderte Analyse der Impulse von Einzelmaßnahmen, die nur für den Bund herausgearbeitet werden konnten[93], dennoch angezeigt; denn im Rahmen solcher spezieller Analysen ergeben sich zum Teil genauere Quantifizierungen, zusätzliche Erklärungen und Modifikationen für die aus den globalen Analysen abgeleiteten Ergebnisse. Außerdem lassen sich exaktere Aussagen darüber gewinnen, wie die einzelnen Maßnahmen den privaten Konsum und die Ausrüstungsinvestitionen beeinflußt haben.

Vor diesem Hintergrund ist es erforderlich, die Einzelmaßnahmen des Bundes so zu systematisieren, daß hieraus ein direkter Bezug zu den nachfrage-, angebots- und erwartungsseitigen Budgetimpulsen hergestellt werden kann. Demnach werden die Maßnahmen in zwei Hauptgruppen eingeteilt:

Der ersten Gruppe sind Maßnahmen zuzuordnen, die zwar vor der Jahresmitte 1981 beschlossen wurden, die aber weit über diesen Zeitpunkt hinaus konjunkturell stimulierend gewirkt haben. Hierunter sind Teile des Steuerentlastungsgesetzes 1981 und die Aktivitäten der Kreditanstalt für Wiederaufbau zu subsumieren.

Zur zweiten Gruppe zählen Konsolidierungsmaßnahmen und konjunkturell expansiv ausgestaltete Maßnahmen, die zwischen Mitte 1981 und Ende 1982 beschlossen wurden. Die konsolidierungsrelevanten Maßnahmen haben dabei entweder zu einer Ausgabesenkung (Ausgabekürzungen insbesondere im sozialen Bereich) oder einer Einnahmeerhöhung (Abbau von Steuervergünstigungen und die Erhöhung von Verbrauchsteuern) geführt. Die konjunkturstimulierenden Maßnahmen wurden — wie die zusätzlichen Ausgaben insbesondere für den Stahl- und Energiebereich, die Abschreibungserleichterungen und die Investitionshilfeabgabe — zusammen mit den Konsolidierungsmaßnahmen oder — wie die Investitionszulage — isoliert ergriffen.

Eine solche Systematik ist in mehrfacher Hinsicht problemadäquat. Nachfrageseitig ergibt sich die Expansivität bzw. Kontraktivität der jeweiligen Maßnahme demnach, ob sie konjunkturell expansiv ausgestaltet bzw. als konsolidie-

[93] Vgl. hierzu wie auch im folgenden Abschnitt B.I.2.b) des zweiten Teils.

rungsrelevant einzustufen ist. Angebotsseitig stellt diese Einteilung bei jeweils unterstellter Kreditfinanzierung ein Indiz für eine Be- bzw. Entlastung des Kapitalmarkts dar. Schließlich ist erwartungsseitig hieraus ein direkter Bezug zum Verfolgen bzw. Nichtverfolgen des Konsolidierungsziels herstellbar.

2. *Nachfrageseitige Betrachtung*

a) Kontraktivität und Expansivität der Einzelmaßnahmen

Als erster Anhaltspunkt der nachfrageseitigen Analyse dient die Gegenüberstellung der Be- bzw. Entlastungen des Bundeshaushalts im Zeitraum zwischen dem 01.01. und 31.12.1982, die aus den Einzelmaßnahmen resultieren. Hierbei werden — wie bei der angebotsseitigen Betrachtung — die mit der Operation '83 verknüpften Maßnahmen nicht einbezogen, da diese nach Maßgabe der Eingrenzung des Beobachtungszeitraums für die konjunkturelle Umkehrbewegung nur erwartungsseitig relevant sind.

Zunächst sind die Haushaltsbelastungen der expansiv ausgestalteten Maßnahmen folgendermaßen quantifizierbar:

— knapp 1,7 Mrd. DM[94] für die im Rahmen des Steuerentlastungsgesetzes 1981 ab 01.01.1982 in Kraft tretenden Verkleinerungen der Bemessungsgrundlage der Einkommensteuer

— über 0,1 Mrd. DM[95] für das am 30.06.1982 auslaufende Sonderprogramm der Kreditanstalt für Wiederaufbau

— ca. 1 Mrd. DM an zusätzlichen Ausgaben vor allem für den Stahl- und Energiebereich

— ungefähr 1,1 Mrd. DM[96] für die ab 01.01.1982 in Kraft tretenden Abschreibungserleichterungen für Gebäude und bewegliche Wirtschaftsgüter

— ca. 1,8 Mrd. DM[97] an Steuermindereinnahmen für die ab 01.01.1982 rückwirkend geltende Investitionszulage.

Insgesamt ergibt sich damit durch diese nachfrageschaffende Maßnahmengruppe eine Haushaltsbelastung von rund 6 Mrd. DM. Dieser stehen Haushaltsentlastungen durch die nachfrageentziehende Maßnahmengruppe von rund 17

---

94 Quelle: Finanzbericht (1980), S. 234.

95 Quelle: Finanzbericht (1981), S. 61.

96 Quelle: Finanzbericht (1982), S. 216.

97 Quelle: ebenda, S. 218.

Mrd. DM gegenüber, die sich aus den folgenden Teilentlastungen der Operation '82 zusammensetzen:

— ungefähr 13 Mrd. DM aus Ausgabesenkungen insbesondere im sozialen Bereich

— rund 2 Mrd. DM[98] aus dem Abbau zahlreicher Steuervergünstigungen zum 01.01.1982

— ca. 2 Mrd. DM[99] aus der Erhöhung der Branntwein-, Sekt- und Tabaksteuer.

Damit wird im Jahre 1982 der Nachfrageentzug der Konsolidierungsmaßnahmen zu über einem Drittel durch die Zusatznachfrage der konjunkturstimulierenden Maßnahmen kompensiert. Daneben ist bemerkenswert, daß rund 75 % der expansiven Maßnahmen einnahmeseitig ausgestaltet ist, da die Ausgaben für die KfW-, Stahl- und Energiemaßnahmen quantitativ kaum ins Gewicht fallen; demgegenüber besteht das Gesamtvolumen der Konsolidierungsmaßnahmen ebenfalls zu ungefähr 75 % aus Ausgabesenkungen. Konfrontiert man diese Ergebnisse mit den Tendenzaussagen der globalen Nachfrageanalyse[100] ergeben sich die folgenden zusätzlichen Erklärungen:

Die globale Nachfrageanalyse hatte ergeben, daß der Hauptteil des konsolidierungsbedingten Nachfrageentzugs erst nach der konjunkturellen Umkehrbewegung Ende 1982 wirksam wurde. Die vorige spezielle Analyse liefert zumindest für das Jahr 1982 einen weiteren quantitativen Anhaltspunkt dergestalt, daß der Nachfrageentzug in diesem Jahr nicht so stark ausgeprägt gewesen sein konnte.

In der globalen Analyse wurde das in den Jahren 1981 und 1982 geringe Konsolidierungstempo auf die Kompensation der restriktiven ausgabeseitigen Impulse durch noch expansive einnahmeseitige Impulse zurückgeführt, die ihrerseits hauptsächlich auf der Hinnahme konjunkturbedingter Steuermindereinnahmen beruhten. Aus der speziellen Analyse ist nun ableitbar, daß die expansiven einnahmeseitigen Impulse nicht nur durch das Entstehen konjunktureller Defizite im engeren Sinne erklärbar sind; die Ausweitung der konjunkturellen Komponente der Nettoneuverschuldung im Jahr 1982 beruhte auch auf der Bildung konjunktureller Defizite im weiteren Sinne, die ihrerseits aus den rund 75% einnahme-

[98] Quelle: Finanzbericht (1982), S. 214, S. 216.

[99] Quelle: ebenda, S. 218-219; die Beträge zu den bisher angeführten Steuerrechtsänderungen, die alle zum 01. 01. 1982 in Kraft traten, wurden aus den Ansätzen des Entstehungsjahres 1982 ermittelt, da dieses sich auf einen zwölfmonatigen Zeitraum nach Inkrafttreten bezieht; demgegenüber wurde dieser Betrag aus den Ansätzen des Haushaltsjahres 1982 gewonnen, da die Erhöhung der Branntwein- und Sektsteuer zum 01. 04. bzw. der Tabaksteuer zum 01. 06. 1982 erfolgte.

[100] Vgl. hierzu wie auch im folgenden Abschnitt B.II.2.b) des zweiten Teils.

seitig ausgestalteten kreditfinanzierten konjunkturstimulierenden Maßnahmen resultierten.

b) Impulse und Effekte auf den privaten Verbrauch und die Ausrüstungsinvestitionen

Aus der bisherigen nachfrageseitigen Betrachtung könnte man wie beim Fazit der globalen Analyse folgern, daß den nur schwach ausgeprägten restriktiven Einzelimpulsen im Jahr 1982 angesichts der damaligen noch dominierenden Angebotsstörungen eine recht geringe Bedeutung für die konjunkturelle Umkehrbewegung beizumessen ist.

Überprüft man allerdings die Einzelmaßnahmen auf ihre potentielle Konsum- und Investitionswirksamkeit, wird eine extreme Ungleichverteilung hinsichtlich deren Impulsrichtung auf die makroökonomischen Aggregate deutlich, die aus der globalen Nachfrageanalyse nicht abzuleiten war[101]:

So sind abgesehen vom Steuerentlastungsgesetz 1981 die restlichen konsumrelevanten Maßnahmen restriktiv ausgerichtet. Diese Aussage unterstellt eine Überwälzung der Erhöhung der speziellen Verbrauchsteuern und basiert darauf, daß die §7b-Komponente bei den Abschreibungserleichterungen quantitativ vernachlässigbar ist, daß die Ausgabesenkungen primär den Haushaltssektor betreffen und daß der Anteil an arbeitnehmerbezogenen Steuervergünstigungen mehr als 50 % des Gesamtabbauvolumens ausmacht. Demgegenüber sind sämtliche investitionsrelevante Maßnahmen expansiv ausgerichtet. Somit wäre im folgenden zu untersuchen, ob es aufgrund dieser Ungleichverteilung der Impulse zu Reduktionen beim privaten Konsum bzw. Belebungen bei den Ausrüstungsinvestitionen gekommen ist.

Für den privaten Verbrauch ist festzustellen, daß der große Anteil der Sozialausgaben an den Ausgabesenkungen auf stark restriktive Konsumeffekte rückschließen läßt, da die Betroffenen hohe marginale Konsumneigungen haben[102]. Ferner dürfte der Abbau von Steuervergünstigungen ebenfalls zu Konsumreduktionen geführt haben. Diese dürften im Vergleich zu den Sozialausgaben jedoch nicht so stark ausgeprägt gewesen sein, da von diesen Steuervergünstigungen alle Einkommensschichten tangiert worden sind und von denen ein — wenn auch geringer Anteil — an Selbständigen mit niedrigen marginalen Konsumneigun-

[101] In dieser war demzufolge implizit von einer Gleichverteilung der Impulse auf die makroökonomischen Aggregate und bei unterstellter gleicher Nachfrageelastizität von gleich starken Effekten auf den privaten Konsum und die Ausrüstungsinvestitionen ausgegangen worden.

[102] Diese Plausibilität wird von Schäfer (1982), S. 586, anhand ökonometrischer Modellrechnungen des DIW und des RWI gestützt.

gen betroffen sind[103]. Schließlich dürfte die erkennbare Preiselastizität der Nachfrage von Branntwein- und SektKonsumenten zu einer nur teilweisen Weitergabe der jeweiligen Steueranhebungen mit einer entsprechend lediglich partiellen Beeinträchtigung des privaten Konsums geführt haben. Ein Indiz für eine erkennbare Preiselastizität ist darin zu sehen, daß nach Angaben des Statistischen Bundesamtes der Verbrauch an Brannt- und Schaumwein im Jahr 1982 im Vergleich zum Vorjahr um 9 bzw. 10% zurückgegangen ist. Der Überwälzungsgrad dürfte bei der Tabaksteuererhöhung noch geringer ausgeprägt gewesen sein, da dem Statistischen Bundesamt zufolge der Zigarettenabsatz im Jahr 1982 im Vergleich zum Vorjahr um 13 % schrumpfte.

Trotz dieser Einschränkungen sind damit insgesamt wohl restriktive Konsumeffekte aufgetreten, zumal die kompensierenden Wirkungen der Teile des Steuerentlastungsgesetzes 1981, die innerhalb des Beobachtungszeitraums in Kraft getreten sind, quantitativ vernachlässigbar sind. Dieses Ergebnis wird bestätigt durch die Entwicklung des verfügbaren Einkommens der privaten Haushalte; denn dieser spezielle finanzpolitische Impulsindikator sank saison- und preisbereinigt von 242,1 Mrd. DM im ersten Quartal 1982 auf 236,2 Mrd. DM im vierten Quartal des gleichen Jahres[104].

Für die Ausrüstungsinvestitionen ist festzustellen, daß die im Rahmen eines Sonderprogramms am 20.05.1981 eröffnete und bis 30.06.1982 befristete zinsverbilligte Darlehensvergabe der Kreditanstalt für Wiederaufbau an Unternehmen anfangs sehr stark in Anspruch genommen wurde. Im weiteren Verlauf schwächte sich dieser Zuspruch jedoch erkennbar ab. Dies lag zum einen daran, daß sich Sonder- und Marktkonditionen zunehmend annäherten[105]. Zum anderen wurde die Kreditnachfrage der Unternehmen auf reguläre KfW-Programme umgelenkt, die Anfang 1982 im Rahmen der Eigenkapitalaufstockung des Bundes und der Gemeinschaftsinitiative vom 03.02. aktiviert worden waren. Beide Tatbestände führten dazu, daß das Kreditvolumen des Sonderprogramms von 6,3 Mrd. DM nur in Höhe von 3,5 Mrd. DM beansprucht wurde[106].

Ferner flossen von den ca. 1 Mrd. DM an zusätzlichen Ausgaben[107] 200 Mio. DM als Kapitalaufstockung an die KfW, wobei — wie oben dargelegt — eine Wirkung auf die privaten Investitionen zu verzeichnen war. Demgegenüber wurden die übrigen Mittel primär für öffentliche Investitionen verwandt, deren Vorleistungscharakter für den privaten Sektor aber erst nach der konjunkturellen Umkehrbewegung Bedeutung erlangt haben dürfte.

---

[103] Eine Auflistung hierzu mit einer Aufteilung auf abhängige und unabhängige Beschäftigte findet sich bei Schäfer (1982), S.580-581.

[104] Quelle: ifo Spiegel der Wirtschaft 1987/88, L4.

[105] Vgl. Irsch/Müller-Kästner (1982), S. 625-626.

[106] Vgl. Schüler (1985), S. 215-216.

[107] Eine genauere Aufschlüsselung findet sich im Finanzbericht (1981), S. 50-51.

Des weiteren waren die Abschreibungserleichterungen nicht sehr effizient. Dies lag vor allem daran, daß bei diesem Instrument eine echte Steuerersparnis nur bei einer kontinuierlichen Vornahme von Neuinvestitionen zu erzielen ist. Eine solche Vorbedingung war jedoch angesichts unterausgelasteter Kapazitäten und eines Erwartungspessimismus der Unternehmer zum damaligen Zeitpunkt kaum erfüllbar[108].

Schließlich reagierten die Unternehmen auf die Investitionszulage von zehn Prozent trotz des damit verbundenen deutlichen Rentabilitätseffekts[109] zunächst abwartend[110]. Erst gegen Ende 1982 setzte ein Auftragsboom mit entsprechend erhöhten Auslieferungen bereits im vierten Quartal[111] ein. Dieser wurde sicherlich wesentlich durch diese Maßnahme hervorgerufen, da deren Bestellfrist zum Jahresende auslief. Dabei wurden kaum zusätzliche Investitionsvorhaben induziert, da es zu starken Vorzieh- und zum geringen Teil zu reinen Mitnahmeeffekten[112] kam. Dieser geringe Anteil an zusätzlichen Investitionen mindert die Effizienz der Investitionszulage hinsichtlich der konjunkturellen Umkehrbewegung in keiner Weise, da für diese ausschlaggebend ist, daß es überhaupt zu einer Anregung der Investitionstätigkeit gekommen ist.

Insgesamt sind die expansiven Investitionseffekte nicht so stark ausgeprägt wie die restriktiven Konsumwirkungen, da es zu Effizienzeinbußen beim KfW-Sonderprogramm und bei den Abschreibungserleichterungen kam. Trotzdem überwiegt die Expansivität, da sich die Investitionszulage als sehr effizient erwies und die regulären Programme der KfW die Investitionen erreichten, die sich der Förderung des Sonderprogramms entzogen hatten. Beide KfW-Programme haben zwar — im Gegensatz zur Investitionszulage — nicht direkt zur Belebung der Ausrüstungsinvestitionen im Dezember 1982 beigetragen, dafür aber einen indirekten Beitrag insofern geleistet, als sie zuvor einen noch deutlicheren Investitionseinbruch verhindert haben.

Hieraus ergibt sich die Konsequenz, daß man aus dem global abgeleiteten schwachen Nachfrageentzug im Beobachtungszeitraum keineswegs auf eine entsprechende Beeinträchtigung beider aufschwungsrelevanter makroökonomischer Aggregate rückschließen kann. Angesichts einer überwiegend restriktiven Ausrichtung und Wirksamkeit der konsumrelevanten bzw. einer ausschließlich expansiven Ausrichtung und Wirksamkeit der investitionsrelevanten Maßnahmen des Bundes trifft diese Aussage lediglich auf den privaten Konsum zu. Dem-

---

[108] Vgl. Muscheid (1986), S. 189.

[109] Vgl. Sachverständigenrat (1983), Tz. 65.

[110] Vgl. hierzu — wie auch im folgenden — die umfrageorientierte Wirkungsanalyse bei Städler (1985).

[111] Vgl. Müller (1985), S. 260 und Abbildung 3.

[112] Damit hat sich die Klausel bewährt, nach der eine Gewährung nur bei solchen Investitionen erfolgte, die das durchschnittliche Investitionsvolumen des Unternehmens in den drei, dem Begünstigungszeitraum vorangegangenen Jahren überstiegen hatten.

Abbildung 3
Zur Nachfrage der Industrie nach Ausrüstungsgütern

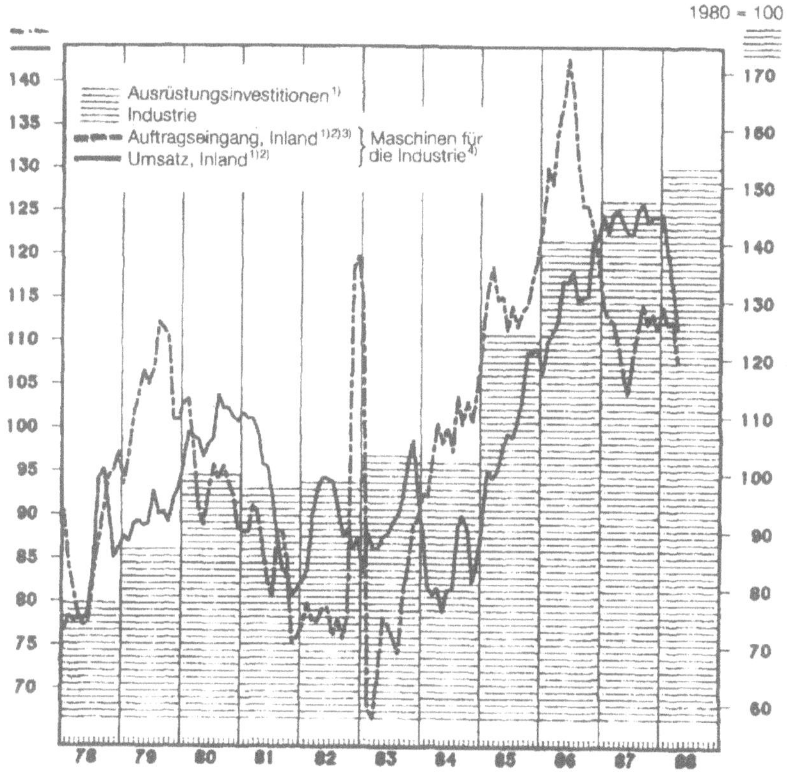

1) In jeweiligen Preisen. 2) Saisonbereinigt und geglättet. 3) Umsatz 1985 = 100. 4) Hersteller von Baustoffmaschinen, Hütten- und Walzwerkanlagen, Gießereimaschinen, Apparatebau, Holzbearbeitungsmaschinen, Gummi- und Kunststoffmaschinen, Druck- und Papiermaschinen, Werkzeugmaschinen, Präzisionswerkzeuge, Schuh- und Ledermaschinen, Trocknungsanlagen, Textilmaschinen, Nähmaschinen und Nahrungsmittelmaschinen.

Quelle: ifo-Schnelldienst 17/88, S. 10.

gegenüber konnte für die Ausrüstungsinvestitionen eine nachfrageseitige Belebung abgeleitet werden, die im Vergleich zur nachfrageseitigen Reduktion des Konsums nicht so stark ausfiel.

Abschließend soll geklärt werden, ob die global abgeleitete nachfrageseitige Dämpfung des Anfangsverlaufs der aufschwungsrelevanten makroökonomischen Aggregate durch die Analyse der Einzelmaßnahmen bestätigt werden kann. Hierfür sind die zuvor abgegrenzten und mit der Operation '83 verknüpften Maßnahmen aufzugreifen.

Für den privaten Verbrauch gilt dies auch vor dem Hintergrund der stärker werdenden Nachfragestörungen uneingeschränkt, da weiterhin potentiell konsumreduzierende Maßnahmen ergriffen wurden. So war bei den direkten Bundesausgabesenkungen in Höhe von ca. 5,5 Mrd. DM ähnlich wie bei der Operation '82 ein hoher Sozialausgabenanteil zu verzeichnen[113], der dementsprechend genauso den Konsum beeinträchtigt haben dürfte. In die gleiche Richtung wirkte die Erhöhung der Umsatzsteuer zum 01.07.1983 mit einer Entlastung des Bundes bezogen auf das Haushaltsjahr 1983 von ca. 1,8 Mrd. DM[114], da gute Überwälzungsbedingungen vorlagen. So belebte sich in dieser Phase die Konjunktur und die Geldpolitik hatte längst einen expansiveren Kurs eingeschlagen.

Demgegenüber sind restriktive investitionsrelevante Maßnahmen nicht ergriffen worden, jedoch gab es hinsichtlich der Ausrüstungsinvestitionen auch keine positiven Impulse:

So sind die zuvor als effizient eingestuften investitionsrelevanten Maßnahmen bereits im Laufe des Jahres 1982 ausgelaufen. Dabei weist Abbildung 3 außerdem aus, daß die von der Investitionszulage induzierten Vorzieheffekte die Entwicklung nicht verstetigt haben[115]. Schließlich zielte die Investitionshilfeabgabe als einzig neue investitionsfördernde Maßnahme ganz auf den Wohnungsbau ab. Sie trug dadurch das in der Analyse des Konjunkturverlaufs im ersten Teil ermittelte Zwischenhoch bei den Bauinvestitionen sicherlich mit. Da aber statt der geplanten siebzig- bis hunderttausend zusätzlichen Wohnungen höchstens fünfundvierzigtausend gebaut wurden[116], war die dort entfaltete Wirkung zu gering, um auf die Gesamtwirtschaft und damit auch auf die Ausrüstungsinvestitionen überzugreifen.

Damit haben die von den Einzelmaßnahmen ausgehenden Impulse den gedämpften Anfangsverlauf beim privaten Verbrauch und ansatzweise bei den Ausrüstungsinvestitionen mitverursacht.

3. Angebotsseitige Betrachtung

Unter diesem Aspekt wäre zu untersuchen, inwieweit die einzelnen Maßnahmen des Bundes das Sinken des Kapitalmarktzinsniveaus, das auch als spezieller angebotsseitiger Impulsindikator verwendbar ist, unterstützt haben. Hierzu ist es erforderlich, die im vorigen Abschnitt hinsichtlich der Auswirkungen auf die öffentlichen Haushalte quantifizierten Einzelmaßnahmen auf ihre Kapitalmarktrelevanz zu überprüfen.

---

[113] Vgl. Finanzbericht (1983), S. 46 bzw. detaillierter S. 87- 89.

[114] Ebenda, S. 212-213.

[115] Damit hat der geringe Anteil an zusätzlichen Investitionen sich negativ auf den Konjunkturverlauf ausgewirkt, was hingegen — wie zuvor gezeigt — für die konjunkturelle Umkehrbewegung nicht der Fall war.

[116] Vgl. Teichmann/Vesper (1983), S. 470-471.

Dabei sind die konsolidierungsrelevanten Maßnahmen im Gesamtvolumen von ca. 17 Mrd. DM nur insofern kapitalmarktentlastend, als sie überwiegend durch Ausgabesenkungen und lediglich im Umfang von ungefähr 2 Mrd. DM durch die Anhebung von speziellen Verbrauchsteuern erfolgen. Demzufolge beträgt der Entlastungsbetrag dieser Maßnahmengruppe rund 15 Mrd. DM. Dem steht die Gruppe konjunkturell stimulierender Maßnahmen in Höhe von ca. 6 Mrd. DM gegenüber, die uneingeschränkt als kapitalmarktbelastend einzustufen ist, da keine weiteren Steuererhöhungen vorgenommen wurden.

Damit wird fast 50 % der konsolidierungsbedingten Kapitalmarktentlastung durch die Kapitalmarktbelastung der expansiven Maßnahmengruppe kompensiert. Hierdurch wird das global abgeleitete Ergebnis eines nur schwach ausgeprägten finanzpolitischen Zinssenkungsimpulses zusätzlich erklärt. Während in der globalen Analyse vor allem auf das anfänglich langsame Konsolidierungstempo verwiesen wurde, wird an dieser Stelle die Bedeutung der konjunkturell stimulierenden Maßnahmen betont.

Bei einer Durchsicht der Einzelmaßnahmen des Bundes hinsichtlich ihrer potentiellen Konsum- und Investitionswirksamkeit ist bei den Maßnahmen, die den privaten Verbrauch beeinflussen kein direkter Zusammenhang zum Kapitalmarktzins herstellbar. Demgegenüber sind bei den investitionsfördernden Maßnahmen Ausgestaltungselemente vorhanden, die den Unternehmen im Vergleich zum Kapitalmarktzinsniveau günstigere Finanzierungskonditionen einräumen bzw. generell ihren Finanzierungsspielraum erweitern. Darum wäre im folgenden noch zu prüfen, welche Bedeutung diesen Verbesserungen der Investitionsmöglichkeiten beizumessen ist. Dabei werden nur die Maßnahmen erörtert, die in der nachfrageseitigen Analyse als weitgehend effizient eingestuft wurden[117]:

Beim KfW-Sonderprogramm betrug die vorgegebene Zinsdifferenz 2,25 Prozentpunkte[118], die sich nach einer anfänglichen Bestätigung im zweiten Quartal 1981 auf 1,95 (III/bzw. IV/'81), 1,65 (I/'82) und 0,65 (II/'82) Prozentpunkte reduzierte[119]. Dabei nutzten die Unternehmer eher den oberen Zinsdifferenzbereich aus, da sie — wie vorher dargelegt — Anfang 1982 auf die regulären KfW-Programme auswichen, deren Konditionen ab April 1982 die Bedingungen des Sonderprogramms noch übertrafen[120].

Bei den zusätzlichen Ausgaben in Höhe von ungefähr 1 Mrd. DM ist der Teilbetrag von 80 Mio. DM an Investitionszuschüssen für den Stahlbereich[121] eine

[117] Demzufolge wird auf die Abschreibungserleichterungen nicht näher eingegangen.

[118] Vgl. Finanzbericht (1981), S. 61.

[119] Die Differenzbeträge lassen sich ermitteln aus der Konditionenübersicht des Sonderprogramms bei Schüler (1985), S. 215 und den im Monatsbericht der Deutschen Bundesbank vom Juli 1982 auf S. 57* ausgewiesenen Umlaufsrenditen festverzinslicher Wertpapiere.

[120] Vgl. Irsch/Müller-Kästner (1982), S. 621.

[121] Vgl. Finanzbericht (1981), S. 50, 52.

vernachlässigbare Größe. Demgegenüber stellt die Investitionszulage von zehn Prozent einen großen Vermögenswert dar[122].

Damit ist die obige Bestätigung des nur mäßigen Zinsimpulses seitens der Finanzpolitik insofern zu modifizieren, als durch einzelne weitgehend effiziente investitionsfördernde Maßnahmen den Unternehmen im Vergleich zum Marktzinsniveau günstigere Finanzierungskonditionen eingeräumt wurden bzw. sich ihr Finanzierungsspielraum insgesamt erweiterte. Daher ist bezogen auf die Ausrüstungsinvestitionen der finanzpolitische Zinssenkungsimpuls dementsprechend stärker ausgefallen.

4. Erwartungsseitige Betrachtung

Unter diesem Gesichtspunkt wäre zu klären, welche Bedeutung den Einzelmaßnahmen des Bundes bei der Verbesserung der Erwartungen im privaten Sektor beizumessen ist. Dabei sind auch die aus der Operation '83 resultierenden Maßnahmen miteinzubeziehen, da ihre Ankündigung noch für die konjunkturelle Umkehrbewegung relevant gewesen sein dürfte. Angesichts eines in der globalen Analyse für den Zeitraum 1980 bis Mitte 1981 abgeleiteten erheblichen Mißtrauens im privaten Sektor gegenüber einer weiteren Erhöhung der öffentlichen Defizite steht bei der folgenden Analyse die Frage im Vordergrund, inwieweit die einzelnen Maßnahmen den privaten Wirtschaftssubjekten den Eindruck vermittelt haben, daß der Bund um eine Konsolidierung seiner Finanzlage bemüht ist.

Hierbei haben die Konsolidierungsmaßnahmen über Ausgabesenkungen und Erhöhung von Verbrauchsteuern den Konsolidierungskurs des Bundes gestützt und dürften deshalb von sich aus zu den verbesserten Erwartungen von Investoren und Konsumenten beigetragen haben. Demgegenüber ist bei den konjunkturell stimulierenden Maßnahmen eher von einem negativen Einfluß auf die Erwartungen der privaten Wirtschaftssubjekte auszugehen, da der private Sektor im daraus resultierenden Finanzierungsbedarf eine Behinderung der Konsolidierung sehen konnte. In diesem Zusammenhang dürfte selbst die Aussicht auf eine Nachfrageerhöhung nicht erwartungsverbessernd gewirkt haben, da man den konjunkturpolitischen Maßnahmen eine geringe Effizienz zubilligte. Im Detail war die Beeinträchtigung der Erwartungen im privaten Sektor jedoch zumeist nicht allzu gravierend:

So wurden das Steuerentlastungsgesetz 1981 und das Sonderprogramm der Kreditanstalt für Wiederaufbau bei ihrer *Beschlußfassung* zwar skeptisch beurteilt, zumal diese noch vor dem Mitte 1981 eingeleiteten Konsolidierungskurs des Bundes erfolgte. Allerdings dürfte sich diese skeptische Haltung während der

---

[122] Vgl. Sachverständigenrat (1983), Tz. 65.

jeweiligen *Umsetzung* kaum verfestigt haben. Die ab 1982 in Kraft tretenden Teile der Steuerentlastung sind in ihrer fiskalischen Bedeutung wohl kaum wahrgenommen worden. Beim KfW-Sonderprogramm war das Verhältnis von Zinszuschuß zu gefördertem Investitionsvolumen mit ca. 4 % vergleichsweise gering, wenn man bedenkt, daß im Jahr 1978 das Verhältnis der investitionsfördernden Aufwendungen des Staates (ohne Finanzhilfen der Gemeinden) bezogen auf die Anlageinvestitionen im Verarbeitenden Gewerbe 16 % betragen hatte[123].

Des weiteren waren die zusätzlichen Ausgaben insbesondere für den Stahl- und Energiebereich, die Abschreibungserleichterungen bzw. die Investitionshilfeabgabe zwar als konjunkturstimulierende Maßnahmen ausgestaltet, jedoch infolge der Integration in die Operation '82 bzw. '83 nur schwer als expansive Elemente identifizierbar. Dies umso mehr, als sie im Vergleich zu den Konsolidierungsbeschlüssen quantitativ vernachlässigbar waren. So ist aus den in der nachfrageseitigen Betrachtung angeführten Haushaltsdaten zu entnehmen, daß die Relation von konjunkturstimulierenden zu konsolidierungsrelevanten Maßnahmen ungefähr 2,1 Mrd. DM zu 17 Mrd. DM bei der Operation '82 bzw. 1 Mrd. DM[124] zu 7,3 Mrd. DM bei der Operation '83 betrug.

Schließlich dürfte hinsichtlich der Investitionszulage deren hervorgehobene Plazierung zwischen den Operationen '82 und '83 der Öffentlichkeit den Eindruck vermittelt haben, daß das Konsolidierungsziel zunächst in den Hintergrund tritt, zumal diese Maßnahme als ein eher nachfragepolitisches Instrument angesehen wird[125]. Erschwerend kommt hinzu, daß der Oberbegriff „Gemeinschaftsinitiative für Arbeitsplätze, Wachstum und Stabilität", in der die Investitionszulage enthalten war, wohl den Eindruck erweckt hat, zu Konjunkturprogrammen keynesianischer Prägung zurückzukehren. Demgegenüber deuteten Ausgestaltungselemente wie der kurze Beantragungszeitraum und die Bedingung eines überdurchschnittlichen Investitionsvolumens darauf hin, daß diese Maßnahme nicht die Aufgabe der angebotsorientierten Konsolidierungslinie darstellt.

Die expansiven Maßnahmen haben damit insgesamt die Erwartungen im privaten Sektor nicht allzu negativ beeinflußt, da diese teilweise eine eher geringe fiskalische Bedeutung hatten und oft durch die Integration in Konsolidierungsbeschlüsse nur schwer als expansive Elemente erkennbar waren. Demzufolge ergibt sich unter Berücksichtigung des positiven Einflusses der Konsolidierungsmaßnahmen auf die Erwartungen der privaten Wirtschaftssubjekte ein weiterhin positiver Beitrag der Einzelmaßnahmen des Bundes zur Erwartungsverbesserung im privaten Sektor. Hierdurch wird die Grundtendenz der globalen Analyse bestätigt und zusätzlich erklärt. Gleichzeitig werden durch diese erwartungsseitige Analyse weitere globale Ergebnisse verständlicher:

---

[123] Quelle: Irsch/Müller-Kästner (1982), S. 626.

[124] Quelle: Finanzbericht (1983), S. 212.

[125] Vgl. Nölling (1986), S. 52.

So wird die erneute Verschlechterung des Stimmungsbildes insbesondere beim Geschäftsklima in den ersten drei Quartalen des Jahres 1982, die global durch die Nichteinhaltung des Konsolidierungsziels erklärt wurde, vor dem Hintergrund der obigen Darlegungen zur Investitionszulage eher nachvollziehbar.

Schließlich wird der größere erwartungsbedingte crowding-in-Effekt bei den Investoren im Vergleich zu den Konsumenten bekräftigt, der in der globalen Analyse mit dem relativ höheren Informationsstand der Investoren bezüglich wirtschaftspolitischer Vorgänge begründet worden war; denn den Konsumenten dürfte trotz ihres vergleichsweise geringen Informationsstandes nicht entgangen sein, daß sie die Hauptlasten zu tragen haben, die sich aus den konsolidierungsrelevanten Einzelmaßnahmen ergeben. In diesem Zusammenhang ist vor allem der hohe Anteil und die damit verbundene Transparenz der Sozialausgaben an den Ausgabekürzungen und die Ankündigung der Mehrwertsteuererhöhung von Bedeutung, da beides den erwartungsbedingten crowding-in-Effekt bei den Konsumenten abgeschwächt haben dürfte.

5. Fazit: Präzisierungen des global abgeleiteten finanzpolitischen Beitrages

Faßt man die verschiedenen Ergebnisse der Wirkungsanalyse der Einzelmaßnahmen des Bundes zusammen, werden die aus den globalen Impulsanalysen gezogenen Schlußfolgerungen, wonach die Erwartungen von Investoren und Konsumenten deutlich verbessert wurden und eine leichte Entspannung am Kapitalmarkt bewirkt wurde, erklärbarer:

Nachfrageseitig wird der als eher schwach abgeleitete Nachfrageentzug im Jahr 1982 durch die Existenz der konjunkturell stimulierenden Maßnahmengruppe zusätzlich erklärt. Deren überwiegend einnahmeseitige Ausgestaltung verdeutlicht außerdem, daß die expansiven einnahmeseitigen Impulse, die für den schwachen Nachfrageentzug hauptverantwortlich sind, nicht nur auf dem Entstehen konjunktureller Defizite im engeren Sinne, sondern auch auf der Ergreifung expansiver einnahmeseitiger Maßnahmen beruhen.

Angebotsseitig wird der global als nur schwach eingestufte Zinssenkungsimpuls insofern zusätzlich erklärt, als eine fast 50%ige Kompensation der konsolidierungsbedingten Kapitalmarktentlastung durch die Kapitalmarktbelastung der konjunkturell stimulierenden Maßnahmengruppe zu verzeichnen war.

Erwartungsseitig wird das Ergebnis der globalen Analyse gestützt, da die positiven Erwartungsimpulse, die aus den konsolidierungsrelevanten Maßnahmen resultieren, überwiegen.

Durch die Wirkungsanalyse der Einzelmaßnahmen des Bundes wird gleichzeitig das in den globalen Analysen abgeleitete Ergebnis einer tendenziell stärkeren

Beeinflussung der Ausrüstungsinvestitionen im Vergleich zum privaten Verbrauch erhärtet:

Erwartungsseitig wurde die Verbesserung des Stimmungsbildes bei den Konsumenten insofern beeinträchtigt, als ihnen die Ausgestaltung der konsolidierungsrelevanten Maßnahmen verdeutlichte, daß sie hauptsächlich die sich hieraus ergebenden Lasten zu Tragen haben.

Angebotsseitig ergab sich, daß die Ausgestaltung einzelner weitgehend effizienter investitionsfördernder Maßnahmen den an sich schon stärker investitionsbezogenen Zinssenkungsimpuls in dieser Richtung verstärkte.

Schließlich wurde nachfrageseitig abgeleitet, daß die überwiegend restriktiv ausgerichteten konsumrelevanten und die ausschließlich expansiv ausgerichteten investitionsrelevanten Maßnahmen des Bundes den privaten Konsum beeinträchtigt und die Ausrüstungsinvestitionen in einem im Vergleich hierzu weniger starken Ausmaß gefördert haben. In diesem Zusammenhang wurde auch die global nachfrageseitig belegte schwache Verlaufsdynamik der aufschwungsrelevanten makroökonomischen Aggregate bestätigt. So ergab die Analyse der von den zeitgleichen Einzelmaßnahmen ausgehenden Impulsen eine Hemmung des privaten Verbrauchs und keine zusätzliche Förderung der Ausrüstungsinvestitionen.

In der folgenden geldpolitischen Analyse wird dieser so präzisierte finanzpolitische Beitrag noch näher eingegrenzt.

C. Der Beitrag der Geldpolitik

I. Die Geldpolitik im Konflikt zwischen außen- und binnenwirtschaftlicher Orientierung

1. Die Entwicklung der außenwirtschaftlichen Lage

Wie die Finanzpolitik stand auch die Geldpolitik zu Beginn der achtziger Jahre einer Konfliktlage gegenüber[126]. So wäre angesichts des im zweiten Quartal 1980 einsetzenden Konjunktureinbruchs ein expansiver geldpolitischer Kurs angemessen gewesen, die Bundesbank behielt jedoch ihren bereits im Frühjahr 1979 eingeschlagenen restriktiven Kurs bei[127]; denn sie sah in diesem Zeitabschnitt keine Möglichkeit, sich vom hohen Niveau des im Sog steigender US-Zinsen stehenden Kapitalmarktzinsniveaus abzukoppeln, da sie eine durch Kapi-

---

[126] Vgl. hierzu wie auch im folgenden Tabelle 15.

[127] Vgl. Tomann (1982), S. 277.

talexporte induzierte Verschärfung des D-Mark-Kursverfalls gegenüber dem US-Dollar mit einer damit verbundenen Beschleunigung der importierten Inflation befürchtete. Ihr Standpunkt wurde insofern bekräftigt, als die D-Mark aufgrund des Leistungsbilanzdefizits auch von der realwirtschaftlichen Seite unter Druck stand und die inländische Inflation auf hohem Niveau stagnierte.

Dieser Konflikt verschärfte sich im weiteren Verlauf, da der Kursverfall der D-Mark gegenüber dem US-Dollar anhielt, die Leistungsbilanz defizitär blieb und sich die inländische Inflationsrate beschleunigte. Indizien für eine Entschärfung des Konflikts ergaben sich ab dem dritten Quartal 1981, da der Anstieg des deutschen bzw. amerikanischen Kapitalmarktzinsniveaus im August bzw. September endete[128].

Tabelle 15: **Kenndaten des geldpolitischen Handlungsspielraums**

Jahr (Quartal)		nominaler Kapitalmarktzins[a)]	Außenwert der D-Mark gegenüber dem US-Dollar[a)]	Leistungsbilanzsaldo[b)] (in Mrd. DM)	Inflationsrate[c)]
1980	I	8,7	181,9	-5,21	5,6
	II	8,9	178,1	-6,72	5,8
	III	8,1	181,5	-7,53	5,1
	IV	8,9	168,8	-9,16	5,2
1981	I	9,8	154,5	-6,87	5,6
	II	10,8	141,8	-5,14	5,8
	III	11,3	132,5	-3,99	6,7
	IV	10,2	143,6	3,86	7,1
1982	I	9,8	137,4	+0,95	6,0
	II	9,1	135,6	+1,32	5,3
	III	9,2	129,9	+2,74	5,1
	IV	8,2	128,9	+4,34	4,7

[a)] entnommen aus Tabelle 4 (dort auch nähere Erläuterungen in den Fußnoten).
[b)] Quelle: Statistische Beihefte zu den Monatsberichten der Deutschen Bundesbank, Reihe 4, Saisonbereinigte Wirtschaftszahlen, Nr. 2/1987, S. 50.
[c)] gemessen als prozentuale Veränderung des Preisindex für die Lebenshaltung aller privaten Haushalte gegenüber dem Vorjahresquartal (vierteljahresdurchschnittliche Originalwerte; 1980=100); Quelle: ifo Spiegel der Wirtschaft 1986/87, C5.

[128] Quellen: Monatsberichte der Deutschen Bundesbank, Januar 1983, S. 51*; OECD, Main Economic Indicators, Januar 1982, S. 87.

Ab dem vierten Quartal entspannte sich die Situation deutlich: der US-Dollar-Höhenflug gegenüber der D-Mark endete vorerst, und die Leistungsbilanz aktivierte sich wieder.

Diese außenwirtschaftliche Entspannung setzte sich auch im Jahr 1982 fort: die Leistungsbilanzüberschüsse nahmen zu, und die D-Mark verlor gegenüber dem US-Dollar zwar erneut an Wert, notierte dafür aber — im Gegensatz zum Jahr 1981 — gegenüber den Währungen der wichtigsten Handelspartner wieder stärker[129]. Da sich außerdem der inländische Preisniveauauftrieb abschwächte, war der Konflikt zu Beginn des Aufschwungs als entschärft anzusehen.

Die folgende geldpolitische Maßnahmenanalyse ist in Analogie zu den entsprechenden Impulsindikatoren nach globalen und einzelnen Beschlüssen untergliedert. Sie wird angesichts der zuvor skizzierten großen Bedeutung der außenwirtschaftlichen Lage in eine Phase der außenwirtschaftlichen Verschärfung und eine Phase der außenwirtschaftlichen Entspannung eingeteilt. Nach den vorigen Darlegungen beginnt die zweite Phase im dritten Quartal 1981, so daß sie dem Beobachtungszeitraum zeitlich entspricht. Die demzufolge nicht aufschwungsrelevanten Maßnahmen der ersten Phase werden ebenfalls kurz skizziert; damit soll der Übergang von einer restriktiven zu einer expansiven Geldpolitik besser nachgezeichnet werden. Dabei soll unter einer restriktiven bzw. expansiven Geldpolitik eine Politik der Bundesbank verstanden werden, die die primär außenwirtschaftlichen Restriktionen bzw. eine Verminderung dieser Restriktionen in ihren Entscheidungen berücksichtigt hat.

2. Die Geldpolitik unter zunehmendem außenwirtschaftlichen Druck (bis Mitte 1981)

Der geldpolitische Kurs läßt sich zwischen 1980 bis Mitte 1981 anhand der Tabelle 16 verdeutlichen:

Die Geldpolitik blieb für das Jahr 1980 restriktiv ausgerichtet. So wurde das Geldmengenziel, das eine Ausweitung der Zentralbankgeldmenge zwischen 5 bis 8 % vorsah[130], unterschritten, und die Geldmarktzinssätze tendierten nach oben.

Diesem Kurs entsprachen restriktive Einzelmaßnahmen, insbesondere die sukzessive Erhöhung des Diskontsatzes zum 29.02.1980 von 6 auf 7 % bzw. zum 02.05. von 7 auf 7,5 % und die jeweils zeitgleiche Heraufsetzung des Lombard-

129 Vgl. Tabelle 4.

130 Diese Zielvorgaben wie auch die im folgenden angeführten geldpolitischen Maßnahmen sind entnommen aus den Maßnahmenübersichten in den Sachverständigenratsgutachten bzw. Finanzberichten der jeweiligen Jahre.

Tabelle 16: **Kenndaten des geldpolitischen Kurses**

Jahr (Quartal)		Zuwachsrate der Zentralbankgeldmenge gegenüber dem Vorjahresquartal (in %)[a]	Diskontsatz[b]	Lombardsatz[b]
1980	I	5,5	7,0(28.2.)	8,5(28.2.)
	II	4,5	7,5(30.4.)	9,5(30.4.)
	III	4,4	7,5	9,0(18.9.)
	IV	4,9	7,5	9,0
1981	I	4,9	7,5	Sonderl.12,0(25.2.)
	II	4,5	7,5	12,0
	III	4,7	7,5	12,0
	IV	3,6	7,5	11,0(8.10.) 10,5(3.12.)
1982	I	3,7	7,5	10(21.1)/9,5(18.3.)
	II	4,8	7,5	Normall.9,0(6.5.)
	III	5,0	7,0(26.8.)	8,0(26.8.)
	IV	6,1	6,0(21.10.) 5,0(2.12.)	7,0(21.10.) 6,0(2.12.)

[a] entnommen aus Tabelle 13 (Zentralbankgeldmenge zu konstanten Reservesätzen, Basis: Januar 1974).
[b] Quelle: Monatsberichte der Deutschen Bundesbank.

satzes von 7 auf 8,5 % bzw. von 8,5 auf 9,5 %, wobei die letzte Erhöhung zum 19.09. auf 9 % reduziert wurde. Die jeweils zweimaligen Senkungen der Mindestreservesätze und Erhöhungen der Rediskontkontigente konterkarierten diesen Kurs nicht, da sie nur den Entzug an Zentralbankgeld, der sich aus dem Verkauf von Devisen ergab, kompensieren sollten. Auch die Vornahme einiger Wertpapierpensionsgeschäfte signalisierte keinen Kurswechsel, da diese primär der kurzfristigen Steuerung der Zentralbankgeldmenge dienten[131].

Der eingeschlagene Restriktionskurs wurde von der Bundesbank in der ersten Jahreshälfte 1981 noch verschärft. So wurde in den ersten beiden Quartalen das untere Ende des Geldmengenzielintervalls von 4-7 % erreicht, das im Vergleich zum Jahr 1980 sogar um einen Prozentpunkt gekürzt worden war.

Dementsprechend deutlich restriktiv waren auch die Einzelmaßnahmen ausgestaltet, wobei in erster Linie die Einstellung des regulären Lombardkredits zum 20.02.1981 und die Einrichtung eines Sonderlombards ab dem 25.02. zu einem

131 Vgl. Sachverständigenrat (1980), S. 100-103.

Zinssatz von 12 % hervorzuheben ist. Die dauerhafte zusätzliche Bereitstellung von Zentralbankgeld an die Geschäftsbanken in Form einer erneuten Senkung der Mindestreservesätze zum 01.02. stellte keine Abkehr von diesem Kurs dar, da diese wieder dazu diente, den Liquiditätsentzug hoher Devisenabflüsse auszugleichen. Die gleiche Intention lag den vorgenommenen Wertpapierpensionsgeschäften zugrunde[132], deren Konditionen oberhalb des Sonderlombardsatzes lagen.

3. Die Geldpolitik bei außenwirtschaftlicher Entspannung (ab Mitte 1981)

In der zweiten Hälfte des Jahres 1981 wurde dieser verschärfte Restriktionskurs vorsichtig gelockert. Zwar bekräftigte die Bundesbank am 02.07.1981 weiterhin das Ansteuern der unteren Hälfte des Geldmengenzielkorridors von 4-5,5 %, der im vierten Quartal sogar noch deutlich unterschritten wurde[133]; gleichzeitig unterstützte sie jedoch ein tendenzielles Sinken der kurzfristigen Zinsen mit einer Politik einer behutsamen Auflockerung des Geldmarktes. Dabei setzte sie den Sonderlombardsatz sukzessive von 12 auf 11 % (zum 09.10.) bzw. von 11 auf 10,5 % (zum 04.12.) herab und gestaltete die Konditionen für die Wertpapierpensionsgeschäfte entsprechend günstiger. Diese Verbilligungen der Konditionen stellten zumeist eine Vorgabe für die anschließende Sonderlombardsatzreduktion dar, da beispielsweise am 29.09. ein Zinssatz von 11,4 % und am 24.11. von 10,55 % für ein Wertpapierpensionsgeschäft festgesetzt wurde.

Dieser geldpolitische Kurs wurde im Laufe des Jahres 1982 nicht nur fortgesetzt, sondern vor allem ab dem dritten Quartal verstärkt. Bei weiterhin sinkenden kurzfristigen Zinssätzen bewegte sich das Wachstum der Zentralbankgeldmenge vom unteren Bereich des Korridors, der auch für 1982 in der Bandbreite zwischen 4 und 7 % vorgegeben worden war, langsam nach oben. Es erreichte im vierten Quartal die obere Hälfte, was auch dem Grundsatzbeschluß der Bundesbank vom 01.07.1982 entsprach. Dementsprechend expansiv waren die einzelnen geldpolitischen Maßnahmen ausgestaltet:

So wurde in der ersten Jahreshälfte das bereits gegen Ende 1981 eingeleitete Wechselspiel zwischen sukzessiven Zinsverbilligungen bei den zahlreichen Wertpapierpensionsgeschäften und anschließenden entsprechenden Senkungen des Sonderlombardsatzes fortgesetzt. Konkret wurde dabei der Sonderlombardsatz von 10,5 auf 10 % zum 22.01. und von 10 auf 9,5 % zum 19.03. reduziert;

---

132 Vgl. Sachverständigenrat (1981), S. 95.

133 Vgl. hierzu wie auch im folgenden Tabelle 16.

zum 07.05. wurde dann sogar der reguläre Lombardkredit zu einem Zinssatz von 9 % wiedergewährt.

Ferner wurde in der zweiten Jahreshälfte dieser expansive Kurs insofern beschleunigt, als neben der deutlichen sukzessiven Senkung des nun wieder regulären Lombardsatzes von 9 auf 8 % zum 27.08., von 8 auf 7 % zum 22.10. und von 7 auf 6 % zum 03.12. zeitgleich hierzu der seit dem 02.05.1980 (!) unveränderte Diskontsatz ebenso schrittweise von 7,5 auf 7 %, 6 % und 5 % herabgesetzt wurde. Dies wurde unterstützt von vielen Wertpapierpensionsgeschäften, deren sinkende Zinskonditionen wiederum eine Vorgabe für die folgenden Lombardsatzreduktionen darstellten.

Schließlich wurde den Geschäftsbanken jeweils ca. 5 Mrd. DM an potentiellem bzw. tatsächlichem Zentralbankgeld durch die Erhöhung der Rediskontkontingente zum 23.06. bzw. die lineare Senkung der Mindestreservesätze um 10 % zum 01.10. zur Verfügung gestellt.

Die Bundesbank konnte damit ihre Politik erst im Laufe der zweiten Hälfte des Jahres 1981 an den binnenwirtschaftlichen Erfordernissen ausrichten. Dabei wurde der geldpolitische Restriktionskurs zunächst recht vorsichtig, im Laufe des Jahres 1982 beschleunigt gelockert.

II. Globale monetäre Impulse

1. Der Aufbau der geldpolitischen Wirkungsanalyse

Zunächst werden die globalen monetären *Impulse* ermittelt, die angesichts der gesamtwirtschaftlichen Rahmenbedingungen der Ausgangslage nachfrage-, angebots- und erwartungsseitig ausgeprägt sind. Hierbei werden Zusammenhänge zwischen der soeben skizzierten zunehmenden Lockerung des geldpolitischen Restriktionskurses und den jeweiligen globalen geldpolitischen Impulsindikatoren hergestellt[134]. Anschließend werden diese Impulse vor dem Hintergrund der in der Ausgangsanalyse ermittelten nachfrage-, angebots- und erwartungsseitigen Störungen beurteilt, um die *Wirkungen* auf den privaten Konsum und die Ausrüstungsinvestitionen aufzeigen zu können. Die geldpolitische Wirkungsanalyse wird abgeschlossen mit einer entsprechend strukturierten Behandlung der Einzelmaßnahmen der Bundesbank, wobei diese Ergebnisse die Resultate der globalen Analyse zusätzlich präzisieren.

---

[134] Dabei ist bei den angebots- und erwartungsseitigen Meßgrößen zu beachten, daß auf diese auch Einflüsse eingewirkt haben können, die nicht von der Geldpolitik induziert worden sind.

2. *Nachfrageseitige geldpolitische Impulse*

a) Die Auswahl eines monetären Impulskonzepts

Zur Ermittlung eines Indikators für nachfrageseitige geldpolitische Impulse wird — wie bei der Herleitung globaler Impulsindikatoren bereits angeführt — eine „Vergleichsgeldmenge" als Nullpunkt konstruiert, der die aktuellen Werte des entsprechenden Geldmengenaggregats gegenübergestellt werden. Dabei stellt die „Vergleichsgeldmenge" das Geldmengenaggregat der Vorperiode dar, das mit dem Anstieg des nominalen gesamtwirtschaftlichen Produktionspotentials fortgeschrieben wurde. Diese Vorgehensweise ist analog zu den finanzpolitischen Budgetkonzepten, da bei diesen die wichtigsten inlandswirksamen Einnahme- und Ausgabekategorien der Vorperiode mit dem Anstieg des nominalen gesamtwirtschaftlichen Produktionspotentials fortgeschrieben und den tatsächlichen Budgetziffern gegenübergestellt werden. Es ist demzufolge auch für die nachfrageseitige Analyse der Geldpolitik das in der finanzpolitischen Wirkungsanalyse zugrundegelegte Impulskonzept des Deutschen Instituts für Wirtschaftsforschung verwendbar.

Im Rahmen dieses Konzepts steht nicht die Nachfragewirksamkeit der Geldmengenausweitung, sondern die Frage im Vordergrund, ob die über den Anstieg des nominalen gesamtwirtschaftlichen Produktionspotentials hinausgehende Geldversorgung zwischen Mitte 1981 und Ende 1982 für die im Dezember 1982 einsetzende Belebung des privaten Konsums und der Ausrüstungsinvestitionen ausreichend war. Demnach zeigen im Rahmen eines solchen Ansatzes expansive monetäre Impulse nicht die Zunahme der Ausgaben im privaten Sektor, sondern nur die über den Anstieg des nominalen gesamtwirtschaftlichen Produktionspotentials hinausgehende Geldversorung für zusätzliche Ausgabemöglichkeiten an[135]. Restriktive monetäre Impulse bedeuten demgegenüber, daß der private Sektor im Vergleich zum Wachstum des Produktionspotentials unterdurchschnittlich mit Geld versorgt wird. Gegenüber einer solchen Interpretation eines nachfrageseitigen monetären Impulses könnten vor allem zwei Einwände erhoben werden:

Zum einen könnte man einwenden, daß derartige Impulse keinen direkten bzw. nur einen vagen Bezug zur Belebung der aufschwungsrelevanten makroökonomischen Aggregate aufweisen, man demnach auch nicht von einem Impuls im Sinne eines Anstoßes sprechen kann. Dem ist jedoch zu entgegnen, daß die Aussagefähigkeit durch die weiterreichende Messung geldpolitischer Impulse auf realwirtschaftliche Größen nicht erhöht wird; denn der Erklärungsgehalt solcher Schätzverfahren wird notwendigerweise dadurch eingeschränkt, daß diese aufgrund der Komplexität der Transmission monetärer Impulse auf den realen

[135] Vgl. Krupp (1985), S.104, sowie auch Vesper (1985), S.41.

Sektor mit zusätzlichen Prämissen arbeiten müssen. Daneben können die späteren angebots- und erwartungsseitigen Analysen der geldpolitischen Impulse die nachfrageseitige Analyse dadurch ergänzen, daß sie Impulsindikatoren aufgreifen, die in einem direkteren Zusammenhang zum realwirtschaftlichen Bereich stehen[136].

Ein damit zusammenhängender zweiter Einwand könnte auf die Unvereinbarkeit eines solchen Ansatzes mit monetaristischen Vorstellungen abstellen; denn die Interpretation eines expansiven monetären Impulses als die über den Anstieg des nominalen gesamtwirtschaftlichen Produktionspotentials hinausgehende Geldversorgung impliziert, daß kein direkter Bezug des Geldes zum realwirtschaftlichen Bereich gesehen wird. Es muß jedoch darauf hingewiesen werden, daß in der ersten Hälfte der achtziger Jahre die Entwicklung der Inflationsraten nicht dem monetaristischen Erklärungsansatz entsprachen[137]: So war den recht hohen Inflationsraten der Jahre 1980 und 1981 keine Erhöhung, sondern eine deutliche Reduktion der Wachstumsrate der Zentralbankgeldmenge in der Abgrenzung der Bundesbank vom vierten Quartal 1978 bis zum dritten Quartal 1980 um durchschnittlich 7,7 %[138] vorausgegangen. Ebenso folgte die deutliche Verminderung der Inflation ab 1982 nicht einer abnehmenden, sondern einer zunehmenden Wachstumsrate der Zentralbankgeldmenge vom vierten Quartal 1981 bis zum dritten Quartal 1983 um durchschnittlich 4,1 %. Auch die Bundesbank weist in einer Untersuchung darauf hin, daß sich in der zweiten Hälfte der achtziger Jahre ein rascheres Geldmengenwachstum erst mit größerer Verzögerung in den Preisen niedergeschlagen hat, da diese Transmission durch gegenläufige Faktoren wie die Zins-, Wechselkurs-, Ölpreis- und Lohnentwicklung überlagert wurde[139].

Insgesamt ist damit die Interpretation eines monetären Impulses als über den Anstieg des nominalen gesamtwirtschaftlichen Produktionspotentials hinausgehende Geldversorgung und demnach auch die Anwendung des DIW-Impulskonzepts für unsere Fragestellung weitgehend vertretbar. Schließlich wäre noch zu klären, welche Geldmengenabgrenzung im Rahmen eines solchen Konzepts zugrundegelegt werden soll. Dabei ist für eine nachfrageseitige Betrachtung ein solches Geldmengenaggregat zu verwenden, dessen Wachstum eine möglichst stabile Relation zum Anstieg der monetären Gesamtnachfrage aufweist. Dementsprechend sind die einzelnen Geldmengenbegriffe auf ihre Nähe zur gesamtwirtschaftlichen Nachfrage zu überprüfen:

---

136 So werden in Regressionsansätzen zur Ermittlung realer Geldmengeneffekte Erwartungsindikatoren als Schätzparameter verwendet; vgl. hierzu Rohwer (1988), S. 162.

137 Vgl. Emminger (1984), S.56.

138 Dieser sowie der folgende Wert wurden auf der Basis der Angaben der Deutschen Bundesbank errechnet von Pohl (1987), S. 340; ein graphischer Überblick über die Entwicklung der Preissteigerungsraten in den achtziger Jahren findet sich bei Pohl (1985), S. 377.

139 Vgl. Deutsche Bundesbank (Hrsg.; 1992), S.22.

Die Geldmenge M1 (Bargeldumlauf mit Sichteinlagen) erscheint gut geeignet, da sie in einer unmittelbaren Beziehung zu den Käufen von Gütern und Diensten steht. Allerdings wird die Haltung von Bargeld und Sichteinlagen auch von spekulativen Vorgängen (wie etwa im Falle einer zunehmenden Unsicherheit auf den Finanz-, Devisen- und Rohstoffmärkten) beeinflußt, die keinen eindeutigen Zusammenhang zu den gesamtwirtschaftlichen Ausgaben haben[140]. Auch bei der im Vergleich zu M1 um Termingelder unter vier Jahren erweiterten Geldmenge M2 ist eine Lockerung zur gesamtwirtschaftlichen Nachfrage zu beobachten, da M2 beim Ansteigen der kurzfristigen Zinsen zu Lasten von M1 und kürzerfristigen Spareinlagen expandiert[141]. Demgegenüber ist die im Vergleich zu M2 um Spareinlagen mit gesetzlicher Kündigungsfrist erweiterte Geldmenge M3 so weit abgegrenzt, daß solche Verschiebungen zwischen liquiden Einlagekategorien nur noch eine geringe Rolle spielen. Dafür enthält sie aber auch Geldkapital, das vorerst nicht für Güterkäufe vorgesehen oder verfügbar ist[142]. Dieser mangelhafte Nachfragebezug wird bei der von der Deutschen Bundesbank abgegrenzten und bis 1987 als geldpolitische Zielgröße verwendeten Zentralbankgeldmenge insofern relativiert, als sie neben dem Bargeldumlauf die Mindestreserven der Kreditinstitute auf Sicht-, Termin- und Spareinlagen enthält, deren seit 1974 konstant gehaltenen Reservesätze mit der Nachfragenähe der Einlage positiv korreliert sind. Dadurch stellt die Zentralbankgeldmenge ein verkleinertes Spiegelbild der Gesamtgeldmenge M3 mit Betonung des Geldcharakters der einzelnen Komponenten dar[143].

Damit ist prinzipiell der Bezug der Zentralbankgeldmenge zu konstanten Reservesätzen zur monetären Gesamtnachfrage am direktesten. Diese Einschätzung wird auch nicht dadurch beeinträchtigt, daß die Bundesbank seit 1988 die Geldmenge M3 anstatt der Zentralbankgeldmenge als geldpolitische Zielgröße verwendet; denn für diese Entscheidung war nicht die Nachfragenähe, sondern — neben der besseren internationalen Vergleichbarkeit — die geringere Schwankungsbreite ausschlaggebend, da die Geldmenge M3 im Vergleich zur Zentralbankgeldmenge nicht so stark auf Umschichtungen zwischen verschiedenen liquiden Aktiva reagiert[144]. Der direktere Nachfragebezug der Zentralbankgeldmenge wird für den Beginn der achtziger Jahre auch empirisch gestützt, da lediglich im Jahr 1980 das Wachstum der Geldmenge M3 der Nachfrageentwicklung näher kommt:

---

[140] Vgl. Pohl (1983), S. 349-350.

[141] Vgl. Deutsche Bundesbank (1989), S. 88-89.

[142] Vgl. Pohl (1983), S. 349-350.

[143] Vgl. Ehrlicher (1984), S. 13.

[144] Vgl. Sperber/Sprink (1990), S. 39.

Tabelle 17: **Geldmengenaggregate und monetäre Gesamtnachfrage (jährliche Veränderungsraten in %)**

	1980	1981	1982
Zentralbankgeldmenge (= Bargeldumlauf und Reservesoll[a] auf Inlandsverbindlichkeiten der Geschäftsbanken)	+4,8	+4,4	+4,9
M1 (= Bargeldumlauf mit Sichteinlagen)[b]	+4,4	-0,8	+6,7
M2 (= M1 zuzüglich Termingelder unter 4 Jahren)[b]	+9,3	+9,0	+5,2
M3 (= M2 zuzüglich Spareinlagen mit gesetzlicher Kündigungsfrist)[b]	+6,3	+5,0	+7,3
Monetäre Gesamtnachfrage (nominelles BSP)[c]	+6,5	+3,9	+3,6

[a] Reservekomponente mit konstanten Reservesätzen (Basis Januar 1974) berechnet, jahresdurchschnittliche Werte; Quelle: Geschäftsbericht der Deutschen Bundesbank für das Jahr 1983, S. 40.
[b] Quelle: ebenda
[c] Quelle: Emminger (1984), S. 55 (Tabelle 1).

Ingesamt wird daher im folgenden die Zentralbankgeldmenge zu konstanten Reservesätzen im Rahmen des DIW-Impulskonzepts verwendet.

b) Das Ausmaß der zusätzlichen Geldversorung

Beim DIW-Impulskonzept werden die nachfrageseitigen monetären Impulse dadurch ermittelt, daß die Abweichungen zwischen einer fiktiven „Vergleichsgeldmenge", die in der Vorperiode mit dem Anstieg des nominalen gesamtwirtschaftlichen Produktionspotentials fortgeschrieben wurde, und den aktuellen Werten des entsprechenden Geldmengenaggregats gebildet werden. Für die Ermittlung dieser monetären Impulse, die im expansiven Fall die über den nominalen Anstieg des gesamtwirtschaftlichen Produktionspotentials hinausgehende Geldversorgung anzeigen, werden auch die Gewinnabführungen der Bundesbank in den Bundeshaushalt einbezogen; denn die Ausschüttungen des Bundesbankgewinns erfolgen im Rahmen der monetären Steuerung durch die Bundesbank[145]. Dabei ist es unerheblich, daß die Bundesbank im Zuge dieser Ausschüttungen auch zu monetären Sterilisierungsmaßnahmen greifen kann. Zudem war in der finanzpolitischen Wirkungsanalyse der Bundesbankgewinn als Einnahmekategorie aus dem dortigen Impulskonzept mit der Begründung eliminiert worden, daß der überwiegende Teil der Ertragsquellen des Bundesbankgewinns — wie etwa die Zinseinnahmen aus Auslandseinlagen und die realisierten Gewinne bei Devisenmarktinterventionen — im Gegensatz zu den übrigen Einnahmen des Bundes keine Entzugswirkung auf den privaten Sektor hat.

[145] Vgl. Vesper (1985), S. 40-41.

Dieses Konzept gelangt unter Verwendung der Zentralbankgeldmenge für die Jahre 1972 bis 1983 zu folgenden graphisch veranschaulichten Ergebnissen:

Abbildung 4

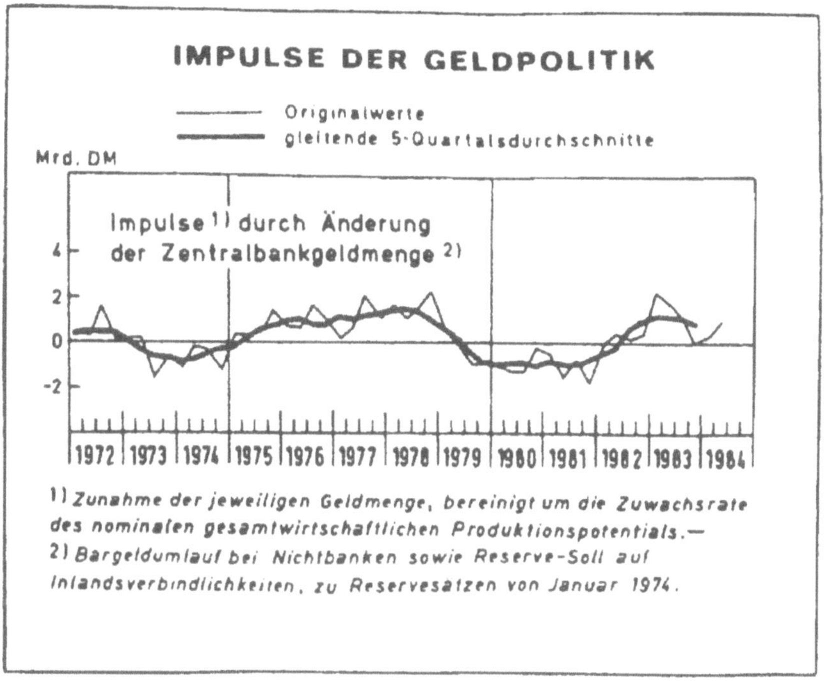

Quellen: Vesper (1985), S. 29, der die Abbildung 4 bei Pohl (1984), S. 155 aktualisiert.

Betrachtet man zunächst die gleitenden 5-Quartalsdurchschnitte der auf der Änderung der Zentralbankgeldmenge basierenden monetären Impulse innerhalb des Beobachtungszeitraums, werden diese ab Mitte 1981 als negativ und erst ab Mitte 1982 als positiv ausgewiesen. Im Rahmen des Konzepts bedeutet dies, daß zwischen Mitte 1981 und Mitte 1982 dem privaten Sektor zusätzliches Zentralbankgeld zur Verfügung gestellt wurde, dessen Zuwachs unterhalb des Anstiegs des nominalen gesamtwirtschaftlichen Produktionspotentials lag. Ab Mitte 1982 ging die zusätzliche Geldversorgung über den Anstieg des Produktionspotentials hinaus. Dabei ist für unsere Untersuchung von zentraler Bedeutung, ob dies für die Belebung des privaten Konsums und der Ausrüstungsinvestitionen ausreichend war. Vor dem Hintergrund der zwischen Mitte 1981 und Mitte 1982 unterhalb des Produktionspotentialwachstums liegenden zusätzlichen Geldversorgung war dies offenbar nicht der Fall. Dieser Einschätzung stehen jedoch verschiedene Argumente entgegen:

Zunächst ist darauf hinzuweisen, daß es sich bei dieser Analyse um eine kurzfristige Betrachtung handelt. Dies impliziert, nicht nur den der konjunkturellen Umkehrbewegung zeitlich näheren expansiven Impulsen eine höhere Bedeutung beizumessen, sondern legt auch die Verwendung der Originalwerte anstelle der bisher zugrundegelegten gleitenden Durchschnittswerte nahe. Diese zeigen zwar auch ab Mitte 1981 zuerst restriktive Impulse an, der Übergang in den positiven Bereich erfolgt jedoch bereits im Laufe des ersten Quartals des Jahres 1982. Zudem weisen sie einen sprunghaften Anstieg des expansiven Impulsniveaus gegen Jahresende aus.

Ferner ergab die Analyse des Konjunkturaufschwungs 1982/83[146], daß das Ausmaß der zusätzlichen Geldversorgung, das für die konjunkturelle Umkehrbewegung erforderlich war, im Vergleich zu früheren Aufschwüngen als gering einzustufen ist. So wurden durch die konjunkturelle Umkehrbewegung lediglich zwei makroökonomische Aggregate erfaßt, die sich überdies mit einer für einen Aufschwung atypisch geringen Dynamik weiterentwickelten.

Auch stellt die im Laufe des Jahres 1982 deutlich abnehmende Inflationsrate[147] ein weiteres Indiz für ein eher geringes Ausmaß an zusätzlichem Geldbedarf dar; denn aus der Inflationsverlangsamung folgt, daß von einem abnehmenden inflationsbedingten Bedarf an zusätzlicher Geldversorgung ausgegangen werden kann. Dieser hohe Grad an mengenmäßiger Nutzung des zusätzlichen Geldangebots wird auch durch den Umstand kaum relativiert, daß sich die Umlaufgeschwindigkeit der Zentralbankgeldmenge im Jahr 1982 geringfügig verlangsamte[148] und das zusätzliche Zentralbankgeld dementsprechend weniger intensiv genutzt wurde.

Insgesamt war damit das Ausmaß der zusätzlichen Geldversorgung für die konjunkturelle Umkehrbewegung Ende 1982 ausreichend, da die expansiven monetären Impulse nicht so schwach ausgeprägt waren, wie es die gleitenden Durchschnittswerte zunächst nahelegen, und da sich innerhalb des Beobachtungszeitraums deutliche Indizien für einen eher geringen Bedarf an zusätzlicher Geldversorgung ergaben. Diese Einschätzung wird bekräftigt durch die ungefähre Vergleichbarkeit des jeweils in der Abbildung 4 ausgewiesenen expansiven geldpolitischen Impulsniveaus vor dem Konjunkturaufschwung 1982/83 mit den Werten des Jahres 1975 und der Feststellung des Sachverständigenrates, wonach die konjunkturelle Umkehrbewegung im zweiten Quartal 1975 ausreichend monetär alimentiert wurde[149]. Dieser zusätzliche Anhaltspunkt für eine ausreichende Geldversorgung der konjunkturellen Umkehrbewegung 1982/83 wird noch dadurch erhärtet, daß der Konjunkturaufschwung im Jahr 1975 im Vergleich zum

---

146 Vgl. hierzu den Abschnitt B.III. des ersten Teils.

147 Vgl. Tabelle 15.

148 Dieser Trend war seit Ende 1979 zu beobachten; vgl. Emminger (1984), S. 53.

149 Vgl. Sachverständigenrat (1975), Tz. 175-176.

Aufschwung 1982/83 mehr als zwei makroökonomische Aggregate erfaßte und insgesamt dynamischer verlief.

Die bisherige Analyse ist insofern unvollständig, als nicht geklärt wurde, inwieweit die Abführungen des Bundesbankgewinns an den Bund, die nach Maßgabe des Impulskonzepts in die monetären Impulse integriert sind, zu dieser zusätzlichen Geldversorgung beigetragen haben. Dabei ist für unsere Problemstellung lediglich der gegen Ende April 1982 ausgeschüttete Gewinnbetrag des Vorjahres in Höhe von 10,5 Mrd. DM relevant, da die vorangegangene Gewinnausschüttung im Frühjahr 1981 in Höhe von 2,3 Mrd. DM nicht mehr innerhalb des Beobachtungszeitraums erfolgte[150]. Da die Abbildung 4 keine deutlichen Zuwächse im expansiven Impulsniveau innerhalb des zweiten und dritten Quartals des Jahres 1982 ausweist, wurde der durch die Gewinnausschüttung induzierte starke Liquiditätszufluß offenbar durch gegenläufige geldpolitische Einzelmaßnahmen kompensiert. Demnach lassen sich genauere Aufschlüsse über diesen Vorgang nur aus der späteren nachfrageseitigen Analyse der geldpolitischen Einzelmaßnahmen gewinnen.

3. Angebotsseitige geldpolitische Impulse

Das Kapitalmarktzinsniveau war zuvor als globaler angebotsseitiger Indikator geldpolitischer Impulse hergeleitet worden. Die entsprechende finanzpolitische Wirkungsanalyse[151] hatte ergeben, daß dieses von der Finanzpolitik und dem internationalen Zinszusammenhang ebenfalls beeinflußt wird und daß der finanzpolitische Zinssenkungsimpuls eher geringfügig zu veranschlagen ist. Dementsprechend konzentriert sich die folgende Ermittlung angebotsseitiger geldpolitischer Impulse — abgesehen von der Rolle des internationalen Zinsverbunds — auf die Frage, ob die Ausweitung der Zentralbankgeldmenge die Senkung des Kapitalmarktzinses in einem stärkeren Maße bestimmt hat. In diesem Zusammenhang ist von Bedeutung, daß die Bundesbank das Kapitalmarktzinsniveau nur mittelbar zu beeinflussen vermag: Sie kann zwar durch die konkrete Ausgestaltung ihres liquiditäts- und zinspolitischen Instrumentariums die Preisbildung am Geldmarkt wesentlich bestimmen, jedoch hängt die Weitergabe der Variation kurzfristiger Zinssätze auf das Kapitalmarktzinsniveau von der Stärke der Geldmarktabhängigkeit des Kapitalmarkts ab. Dementsprechend steht in der folgenden Analyse die Frage im Vordergrund, inwieweit die Entspannung auf dem Geldmarkt auf den Kapitalmarktzins übergegriffen hat, wobei die geldpolitische Beeinflussung des Geldmarktzinsniveaus vorerst unter-

150 Quellen zu den Terminen und Beträgen: Geschäftsberichte der Deutschen Bundesbank für die Jahre 1980, S. 116; 1981, S. 139; 1982, S. 33.

151 Vgl. hierzu den Abschnitt B.II.3. des zweiten Teils inklusive Tabelle 13.

stellt wird[152]. Für die folgende Untersuchung wird zunächst die Entwicklung des Dreimonatsgeldsatzes als gebräuchlichstem Geldmarktzins dem Verlauf der Kapitalmarktzinsen im Beobachtungszeitraum tabellarisch gegenübergestellt:

Tabelle 18: **Entwicklung des Geld- und Kapitalmarktzinsniveaus**

Jahr (Quartal)	Dreimonatsgeldsatz in Frankfurt a.M.[a)]	nominaler Kapitalmarktzins[b)]
1980 I	9,2	8,7
II	10,2	8,9
III	9,2	8,1
IV	9,6	8,9
1981 I	11,2	9,8
II	13,2	10,8
III	12,8	11,3
	(-12,5)	(-9,7)
IV	11,2	10,2
	(-9,0)	(-3,9)
1982 I	10,2	9,8
	(-8,8)	(-7,1)
II	9,3	9,1
	(-4,3)	(+1,1)
III	8,9	9,2
	(-19,1)	(-10,9)
IV	7,2	8,2

a) Mittel aus den Monatsdurchschnitten; Monatswerte aus: Monatsberichte der Deutschen Bundesbank, Juli 1982 bzw. 1983, jeweils S.51*.
b) entnommen aus Tabelle 4 (dort auch nähere Erläuterungen in der Fußnote)
Die Zahlen in Klammern beinhalten die Veränderungsrate (in Prozent) zwischen den jeweiligen beiden Größen.

Vergleicht man die Entwicklung der in Tabelle 18 ausgewiesenen Werte des Dreimonatsgeldsatzes und des Kapitalmarktzinses, ist eine im Trend parallele Zinssenkungstendenz feststellbar. Abweichungen ergeben sich in der Hinsicht, daß die Zinssenkung auf dem Markt für Dreimonatsgeld bereits im zweiten Quartal 1981 einsetzte, insgesamt dynamischer verlief[153] und das Kapitalmarktzinsniveau zwischen dem zweiten und dritten Quartal 1982 sogar leicht anstieg.

152 Ob dies tatsächlich auch der Fall war, wird in der späteren Analyse der geldpolitischen Einzelmaßnahmen untersucht.

153 Dies führte gleichzeitig dazu, daß die seit dem dritten Quartal 1979 bestehende Phase der inversen Zinsstruktur ab Mitte 1982 zu Ende ging.

Dieser empirische Befund ist zumindest ein Indiz dafür, daß die Geldmarktzinssenkung auch auf das Kapitalmarktzinsniveau übertragen wurde.

Diese Übertragung wird erhärtet durch die prinzipielle Geldmarktabhängigkeit des deutschen Kapitalmarkts[154]. Diese ist darin begründet, daß die deutschen Geschäftsbanken den Großteil an festverzinslichen Wertpapieren halten, die ihrerseits die wichtigste Anlageform auf dem Kapitalmarkt in der Bundesrepublik darstellen. Führt etwa eine geldpolitische Lockerung in der Rezession zu sinkenden Geldmarktzinsen und zusätzlicher Primärliquidität, legen die Geschäftsbanken diese zusätzlichen liquiden Mittel wegen der fehlenden Kreditnachfrage auf dem Rentenmarkt an und bewirken damit ceteris paribus eine gleichzeitige Senkung der Kapitalmarktzinsen. Dieses Verhalten der Geschäftsbanken war 1982 tatsächlich zu beobachten, da sie in diesem Jahr ihre Rentenbestände um 43 Mrd. DM aufstockten und damit einen wesentlichen Anteil an der hohen Ergiebigkeit des Rentenmarktes hatten[155].

Die Stärke dieser prinzipiell gleichgerichteten Transmission einer Geldmarktzinssenkung auf das Kapitalmarktzinsniveau ist allerdings in Phasen einer bis Juli 1982 beobachtbaren inversen Zinsstruktur, in denen das Geldmarktzinsniveau über dem Kapitalmarktzinsniveau liegt, abgeschwächt; denn dann besteht für die Geschäftsbanken ein Anreiz, zusätzliche Primärliquidität in kurzfristigen Titeln anzulegen. Ferner gibt es auch Faktoren, die normalerweise bei einer geldpolitisch induzierten Geldmarktentspannung die Kapitalmarktzinsen gegenläufig beeinflußen. Zu diesen zählen[156] die erwartete Inflationsrate, da Inflationserwartungen einerseits durch eine expansivere Geldpolitik genährt werden können und andererseits eine positive Korrelation zum Kapitalmarktzinsniveau besteht. Daneben ist denkbar, daß eine nachfrageorientierte Finanzpolitik zur Rezessionsbekämpfung mit einer Defizitausweitung eine expansivere Geldpolitik unterstützt, wodurch sich geldmarktzinssenkende und kapitalmarktzinserhöhende Faktoren gegenüberstehen. Solche gegenläufige Einflußfaktoren kamen aber im Beobachtungszeitraum kaum zur Geltung:

Inflationserwartungen wurden nicht bekräftigt, da im Laufe des Jahres 1982 die Inflationsrate sogar zurückging[157]. Ferner verfolgte die Finanzpolitik nicht einen nachfrageorientierten Kurs, der von der expansiveren Geldpolitik monetär alimentiert wurde, sondern eine angebotsorientierte Konsolidierungsstrategie. Zwar wurde der Kapitalmarkt im Jahr 1982 durch den Staat nochmals außerordentlich hoch beansprucht[158], jedoch war in der finanzpolitischen Wirkungsanalyse sogar ein geringer Zinssenkungsimpuls abgeleitet worden.

[154] Vgl. hierzu Häuser (1982), S. 311-313 sowie Ehrlicher (1981), S. 170.

[155] Vgl. Geschäftsbericht der Deutschen Bundesbank für das Jahr 1982, S. 42 und S. 47.

[156] Vgl. hierzu Pohl (1985), S. 115-116.

[157] Vgl. Tabelle 15.

[158] Vgl. Sachverständigenrat (1982), Tz. 161 bzw. 163.

Daß solche gegenläufige Faktoren prinzipiell wirksam sind, läßt sich anhand des kurzfristigen Anstiegs der Kapitalmarktzinsen im Juni und Juli 1982 zeigen. Diesem Anstieg war eine erneute Beschleunigung des Preisauftriebs vorausgegangen[159], so daß sich damit kurzfristig Inflationserwartungen stabilisieren konnten. Zudem war — wie die finanzpolitische Wirkungsanalyse gezeigt hat — in dieser Phase unklar, ob der Bund seine Konsolidierungslinie weiterverfolgen würde.

Damit ist insgesamt der globale geldpolitische Zinssenkungsimpuls in einer ersten Annäherung als sehr hoch anzusetzen, da die Entspannung des Geldmarktes insbesondere nach der Beendigung des vorübergehenden Kapitalmarktzinsanstiegs im Juli 1982 ungehindert auf den Kapitalmarkt übergreifen konnte. So war im Beobachtungszeitraum nicht nur eine annähernd parallele Zinssenkungstendenz auf den monetären Teilmärkten festzustellen, sondern es ergaben sich auch deutliche Indizien für eine starke Geldmarktabhängigkeit des Kapitalmarkts. Daneben kamen die Faktoren, die die Geldmarkt- und Kapitalmarktzinsbildung gegenläufig beeinflussen, nicht zur Geltung. Die angebotsseitige Analyse der Geldpolitik ist damit aber noch nicht abgeschlossen: Die spätere geldpolitische Maßnahmenanalyse muß unter anderem aufzeigen, inwieweit die Einzelmaßnahmen der Bundesbank den Geldmarktzins tatsächlich beeinflußt haben, während im Rahmen der Analyse des internationalen Zinszusammenhangs der Einfluß des ausländischen Zinsniveaus auf den deutschen Kapitalmarktzins zu erörtern ist.

4. Erwartungsseitige geldpolitische Impulse

Zuvor waren das Konsumklima für den privaten Verbrauch und das Geschäftsklima für die Ausrüstungsinvestitionen als globale erwartungsseitige Indikatoren geldpolitischer Impulse hergeleitet worden. Die entsprechende finanzpolitische Wirkungsanalyse[160] hatte ergeben, daß diese von der Finanzpolitik und von allgemeinpolitischen Ereignissen ebenfalls beeinflußt werden und daß der finanzpolitische Impuls zur Verbesserung der Erwartungen im privaten Sektor als recht hoch zu veranschlagen ist. Dementsprechend konzentriert sich die folgende Ermittlung erwartungsseitiger geldpolitischer Impulse — abgesehen von der Rolle der allgemeinpolitischen Ereignisse — auf die Frage, ob die Ausweitung der Zentralbankgeldmenge die Verbesserung der Erwartungen im privaten Sektor genauso stark gefördert hat. Bei einer solchen Analyse ist zweierlei zu beachten:

[159] Dies wird aus den Quartalswerten der Tabelle 15 nicht deutlich, jedoch aus den Monatswerten (Quelle: Monatsberichte der Deutschen Bundesbank, Januar 1983, S. 72*), die für April 5,0 %, Mai 5,3 % und Juni 5,8 % ausweisen.

[160] Vgl. hierzu den Abschnitt B.II.4. des zweiten Teils inklusive Tabelle 14.

Zum einen ist im Gegensatz zur nachfrageseitigen Analyse nicht nur die *tatsächliche* Entwicklung der Zentralbankgeldmenge, sondern auch ihr *Soll*-Verlauf für die Erwartungen der privaten Wirtschaftssubjekte von Bedeutung[161]. Dieser wird von der Bundesbank im Rahmen der Zielkorridorvorgabe festgelegt und von Zeit zu Zeit kommentiert, so daß auch diese Verlautbarungen als erwartungssensitiv einzustufen sind.

Zum anderen heben sich für den Anfang der achtziger Jahre die finanzpolitisch beeinflußten von den geldpolitisch beeinflußten Erwartungen der privaten Wirtschaftssubjekte insofern voneinander ab, als diese seit Mitte der siebziger Jahre unterschiedliche Erfahrungen mit den beiden Politikbereichen gemacht hatten. So bestand — wie die entsprechende erwartungsseitige Analyse gezeigt hat — bezüglich der Finanzpolitik angesichts des starken Verschuldungsanstiegs in den siebziger Jahren ein allgemeiner Konsens darüber, daß nur über eine Konsolidierung der Staatsfinanzen die finanzpolitische Handlungsfähigkeit wiedererlangt werden kann. Demgegenüber waren bezüglich der Geldpolitik weite Kreise der Meinung, daß die Inflationskomponente der damaligen Stagflation auf die Geldmengenüberschreitungen der vorangegangenen Jahre zurückzuführen sei. Zwar deutete — wie in der nachfrageseitigen Analyse bereits aufgegriffen wurde — die Reduktion der Wachstumsrate der Zentralbankgeldmenge vom vierten Quartal 1978 bis zum dritten Quartal 1980 um durchschnittlich 7,7 % in Verbindung mit den recht hohen Inflationsraten der Jahre 1980 und 1981 nicht auf die Wirksamkeit eines monetaristischen Transmissionsmechanismus hin; jedoch dürfte die damals zunehmende Verbreitung monetaristischer Vorstellungen in der Theorie wie in der Praxis bei den Wirtschaftssubjekten eine monetaristische Erwartungsstruktur verfestigt haben, die aktuelle hohe Inflationsraten auf eine zu expansive Geldpolitik in der Vergangenheit zurückführte. Trotz der Konjunkturschwäche verstanden demzufolge die Wirtschaftssubjekte zu Beginn der achtziger Jahre unter einer expansiven Geldpolitik paradoxerweise keine monetäre Lockerung[162], zumindest solange der Inflationsauftrieb nicht gebrochen war. Diese Ablehnung einer expansiveren Geldpolitik wurde dadurch bekräftigt, daß man die von der Bundesbank angeführten Argumente für eine außenwirtschaftlich bedingte Einengung ihres Handlungsspielraums in der damaligen Situation für stichhaltig hielt. Diese bezogen sich der monetären Ausgangsanalyse zufolge im Kern darauf, daß eine monetäre Lockerung den D-Mark-Kursverfall gegenüber dem US-Dollar verstärkt und damit die importierte Inflation beschleunigt hätte. Darüber hinaus stand der Wechselkurs der D-Mark infolge einer defizitären Leistungsbilanz auch realwirtschaftlich unter Druck.

Damit steht bei der folgenden Analyse die Frage im Vordergrund, inwiefern die Geldmengenzielvorgabe, der tatsächliche Verlauf und dessen Interpretation

---

161 Vgl. hierzu Kloten (1987).

162 Vgl. Jander u.a. (1985), S. 166-169.

durch die Bundesbank abgestimmt war auf die Entwicklung der Inflationsrate und auf die außenwirtschaftliche Situation; denn hieraus lassen sich entsprechende Schlußfolgerungen bezüglich des globalen geldpolitischen Einflusses auf die Erwartungen im privaten Sektor ziehen. Die einzelnen Elemente dieses Gesamtzusammenhangs sind in Tabelle 19 noch einmal zusammengefaßt.

Diese Tabelle weist aus, daß sich die außenwirtschaftliche Lage ab dem vierten Quartal 1981 zu entspannen begann. Außerdem sank im gleichen Quartal das US-Kapitalmarktzinsniveau deutlich[163]. Im Vergleich hierzu war der Preisniveauauftrieb zum Jahreswechsel 1981/82 mit einer leichten zeitlichen Verzögerung gebrochen.

Insbesondere im Hinblick auf die sich erst zum Jahreswechsel 1981/82 abzeichnende Beendigung des Preisniveauauftriebs war aus Sicht der privaten Wirtschaftssubjekte ein eher restriktiver geldpolitischer Kurs zumindest bis Ende 1981 angemessen. Die Bundesbank entsprach dieser Einschätzung mit ihrer globalen Politik. Sie legte den Schwerpunkt des Geldmengenziels für 1981, das sie bei seiner Festlegung am 27.11.1980 nicht näher kommentiert hatte[164], am 02.07.1981 „in Anbetracht der prekären außenwirtschaftlichen Lage und des kräftigen Preisauftriebs" auf die untere Hälfte des Korridors von 4-5,5 %. Im Anschluß daran entsprach die tatsächliche Entwicklung der Zentralbankgeldmenge dieser Vorgabe, wobei der Zielkorridor im vierten Quartal 1981 sogar unterschritten wurde.

Damit wurde die Umkehr der Erwartungsverschlechterung bei Konsumenten und Investoren im zweiten Halbjahr 1981 von der globalen Geldpolitik insbesondere in der Hinsicht gestützt, daß diese nicht durch einen expansiveren Kurs den Stimmungsumschwung behindert hat.

Im Laufe des Jahres 1982 stabilisierte sich die Entspannung der außenwirtschaftlichen Situation. Auch die Inflationsrate hatte — abgesehen von der bereits in der angebotsseitigen Analyse erörterten Beschleunigungsphase im zweiten Quartal — eine weiterhin fallende Tendenz. Demzufolge war nach der Einschätzung der privaten Wirtschaftssubjekte eine sukzessive Lockerung des geldpolitischen Kurses mit Ausnahme des zweiten Quartals zu vertreten. Die Bundesbank kam dieser Erwartungshaltung weitgehend entgegen, indem sie deutliche Signale für einen expansiveren Kurs setzte:

Der Zentralbankrat legte sich am 03.12.1981 bei Ankündigung des Geldmengenzielkorridors für das Jahr 1982, der dem Korridor des Vorjahres entsprach, überhaupt nicht fest. Die Bundesbank gab damit dem privaten Sektor einen Anhaltspunkt für eine mögliche Lockerung ihres restriktiven Kurses, da sie noch ein halbes Jahr zuvor verlautbart hatte, die untere Hälfte des damals noch relevanten Korridors des Vorjahres anzusteuern. Diese Präzisierung erfolgte dann am

---

[163] Vgl. Tabelle 13.

[164] Der genauere Bereich sollte abhängig gemacht werden von der Entwicklung der äußeren und inneren nominellen Stabilität.

Tabelle 19: **Geldmengenziel und Erwartungsbildung**

Jahr (Quart.)		Konsumklima[a)] (1975=100)	Geschäftsklima[a)] (verarb. Gewerbe)	(Vorgabe) u. <Interpretation> d. Geldmengenziels (in %)[b)]	Einhaltung des Geldmengenziels[c)]	Leistungsbilanzsaldo (in Mrd.DM)[d)]	Inflationsrate[d)]
1980	IV	95,0	-29	(4-7) <keine Festleg.>	4,9	-9,16	5,2
1981	I	88,0	-32		4,9	-6,87	5,6
	II	86,0	-31		4,5	-5,14	5,8
	III	82,0	-24	<untere Hälfte>	4,7 (+4,4)	-3,99	6,7
	IV	83,0	-22	(4-7) <keine Festleg.>	3,6 (-23,4)	+3,86	7,1
					(+2,7)		
1982	I	83,0	-28		3,7	+0,95	6,0
	II	89,0	-32		4,8 (+29,7)	+1,32	5,3
	III	84,0	-40	<obere Hälfte>	5,0 (+4,2)	+2,74	5,1
	IV	83,0	-35	(4-7) <obere Hälfte>	6,1 (+22,0)	+4,34	4,7

a) Entnommen aus Tabelle 14 (dort auch nähere Erläuterungen in der jeweiligen Fußnote).

b) Entnommen aus der geldpolitischen Maßnahmenanalyse (Abschnitt C.I. des zweiten Teils) inclusive Ergänzungen, die aus den Sachverständigenratsgutachten bzw. Finanzberichten der jeweiligen Jahre stammen.

c) Entnommen aus Tabelle 13 (dort auch nähere Erläuterungen in der jeweiligen Fußnote); die Zahlen in Klammern beinhalten die Veränderungsrate (in Prozent) zwischen den jeweiligen beiden Größen.

d) Entnommen aus Tabelle 15 (dort auch nähere Erläuterungen in der jeweiligen Fußnote).

01.07.1982 mit der Ankündigung, die obere Hälfte anzusteuern, wobei diese Position bei der Fortschreibung des Geldmengenzielkorridors für das Jahr 1983 am 02.12.1982 bestätigt wurde. Wie in der zweiten Hälfte des Jahres 1981 entsprach die tatsächliche monetäre Entwicklung diesen Vorgaben.

Damit hat der Kurs der Bundesbank die Stabilisierung und Verbesserung der Erwartungen der privaten Wirtschaftssubjekte im Jahr 1982 weitgehend gefördert. Diese Einschätzung gilt aber nicht für das zweite Quartal, in dem nach der beschleunigten Geldmengenausweitung zwischen dem ersten und zweiten Quartal die Inflationsrate vorübergehend wiederum anzog[165]. Dies dürfte zumindest für eine gewisse Zeit die Sorge im privaten Sektor wiederbelebt haben, daß ein monetaristischer Transmissionsmechanismus wirksam ist. Vor diesem Hintergrund setzte die Bundesbank insofern *kurzfristig* ein falsches Signal, als sie vorgab, in der Folgezeit die obere Zielkorridorhälfte ansteuern zu wollen. Sie hat damit wohl auch zum Stimmungsrückschlag bei Konsumenten und Investoren im dritten Quartal beigetragen. Dieser Umstand stellt aber eine lediglich geringfügige Schmälerung ihres Beitrags zur Erwartungsverbesserung im privaten Sektor dar.

5. Die Gesamtwirkung auf die aufschwungsrelevanten makroökonomischen Aggregate

Um den globalen Gesamtimpuls der zunehmenden Lockerung des geldpolitischen Restriktionskurses auf den privaten Konsum und die Ausrüstungsinvestitionen zu ermitteln, sind zunächst die Ergebnisse der differenzierten Impulsanalysen noch einmal zusammengefaßt:

Nachfrageseitig ergab sich ein ausreichendes Ausmaß an zusätzlicher Geldversorgung für die konjunkturelle Umkehrbewegung Ende 1982, da die expansiven monetären Impulse nicht so schwach ausgeprägt waren, wie es die gleitenden Durchschnittswerte zunächst nahelegen, und da sich innerhalb des Beobachtungszeitraums deutliche Indizien für einen eher geringen Bedarf an zusätzlicher Geldversorgung ergaben. Daneben ergab sich ein Anhaltspunkt, daß von der Ausschüttung des Bundesbankgewinns im Jahr 1982 in Höhe von 10,5 Mrd. DM kein nennenswerter Beitrag zur zusätzlichen Geldversorgung ausging, da der durch die Gewinnausschüttung induzierte starke Liquiditätszufluß wohl durch gegenläufige geldpolitische Einzelmaßnahmen kompensiert wurde.

Angebotsseitig konnte ein sehr hoher Zinssenkungsimpuls abgeleitet werden, da die Entspannung des Geldmarktes insbesondere ab Juli 1982 ungehindert auf den Kapitalmarkt übergreifen konnte. So war im Beobachtungszeitraum nicht nur eine annähernd parallele Zinssenkungstendenz auf den monetären Teilmärk-

[165] Die genauen Daten sind der Fußnote 159 zu entnehmen.

ten festzustellen, sondern es ergaben sich auch deutliche Indizien für eine starke Geldmarktabhängigkeit des Kapitalmarkts. Daneben kamen die Faktoren, die die Geldmarkt- und Kapitalmarktzinsbildung gegenläufig beeinflußen, nicht zur Geltung.

Erwartungsseitig entsprach der geldpolitische Kurs weitgehend den monetaristisch beeinflußten Vorstellungen der privaten Wirtschaftssubjekte, die aktuelle hohe Inflationsraten auf eine zu expansive Geldpolitik in der Vergangenheit zurückführten. Dementsprechend hat die Geldpolitik im zweiten Halbjahr 1981 die Umkehr der Erwartungsverschlechterung bei Konsumenten und Investoren nicht behindert und im Jahr 1982 die Stabilisierung und Verbesserung der Erwartungen des privaten Sektors gefördert. Diese Einschätzung gilt allerdings nicht für das zweite Quartal, da die Bundesbank trotz einer vorübergehenden Inflationsbeschleunigung an ihrer sukzessiven Lockerung des restriktiven Kurses festgehalten und damit wohl auch zum Stimmungsrückschlag bei Konsumenten und Investoren im dritten Quartal 1982 beigetragen hat.

Diese globalen monetären Impulse müssen vor dem Hintergrund der Struktur der damaligen gesamtwirtschaftlichen Rahmenbedingungen beurteilt werden. Dabei hatte die Analyse der Ausgangslage des Jahres 1982 ergeben, daß die in den Jahren 1980 und 1981 noch dominierenden angebotsseitigen Störungen sich abschwächten, Nachfragestörungen wieder stärker auftraten und eine verfestigt negative Erwartungshaltung im privaten Sektor vorlag. Für die Beurteilung der Impulse ergibt sich hieraus, daß der deutliche globale geldpolitische Zinssenkungsimpuls und der positive Erwartungsimpuls aufgewertet werden. Für die Einschätzung des nachfrageseitigen monetären Impulses, der als über das Wachstum des nominalen gesamtwirtschaftlichen Produktionspotentials hinausgehende zusätzliche Geldversorgung interpretiert wird, ergeben sich hieraus keine zusätzlichen Aufschlüsse, da die in der Ausgangsanalyse diagnostizierten nachfrageseitigen Störungen realwirtschaftlicher Natur sind und somit ein direkter Bezug nicht herstellbar ist.

Damit besteht der globale geldpolitische Beitrag zum Konjunkturaufschwung 1982/83 in einer ersten Annäherung darin, daß der geldpolitische Kurs die Entspannung am Kapitalmarkt insbesondere ab Juli 1982 wesentlich bestimmt und die Erwartungen von Konsumenten und Investoren zum Teil verbessert hat. Schließlich war die zusätzliche Geldversorgung für die konjunkturelle Umkehrbewegung ausreichend.

Dieser geldpolitische Beitrag dürfte sich stärker auf die Ausrüstungsinvestitionen als auf den privaten Konsum ausgewirkt haben. Zwar kann man von einer Neutralität hinsichtlich der monetären Alimentierung der makroökonomischen Aggregate ausgehen, jedoch sind angebots- und erwartungsseitig die in den finanzpolitischen Analysen unterstellten Elastizitätsunterschiede auch hier relevant. Dies gilt angebotsseitig für die höhere Zinselastizität der privaten Investitionen. Erwartungsseitig schließt der Tatbestand, daß Investoren über wirtschaftspolitische Vorgänge besser informiert sind als Konsumenten, neben der Finanzpolitik auch die Geldpolitik mit ein.

III. Impulse der geldpolitischen Einzelmaßnahmen

1. Problemadäquate Systematik

Die zuvor abgeleiteten nachfrage-, angebots- und erwartungsseitigen Geldmengenimpulse haben die Grundtendenz des geldpolitischen Beitrags zum Konjunkturaufschwung 1982/83 aufgezeigt. Die gesonderte Analyse der Impulse von Einzelmaßnahmen ist damit begründbar, daß im Rahmen solcher spezieller Analysen sich zum Teil genauere Quantifizierungen, zusätzliche Erklärungen und Modifikationen für die aus den globalen Analysen abgeleiteten Resultate ergeben. Außerdem lassen sich exaktere Aussagen darüber gewinnen, wie die einzelnen Maßnahmen den privaten Konsum und die Ausrüstungsinvestitionen beeinflußt bzw. wie sich die globalen monetären Impulse auf die makroökonomischen Aggregate aufgeteilt haben.

Vor diesem Hintergrund müssen die in der geldpolitischen Maßnahmenanalyse herausgearbeiteten Einzelmaßnahmen der Bundesbank[166] so systematisiert werden, daß hieraus ein direkter Bezug zu den nachfrage-, angebots- und erwartungsseitigen Geldmengenimpulsen hergestellt werden kann. Teilt man das geldpolitische Instrumentarium in die Refinanzierungs-, die Offenmarkt- und die Mindestreservepolitik ein, ist folgende Systematik problemadäquat:

Nachfrageseitig fallen hierunter die liquiditätswirksamen Ausgestaltungselemente der Refinanzierungs- bzw. der Offenmarktpolitik und die Mindestreservepolitik. Angebotsseitig sind insbesondere die zinswirksamen Bestandteile der Refinanzierungs- bzw. der Offenmarktpolitik relevant. Erwartungsseitig sind die Ausgestaltungsmerkmale der jeweiligen Maßnahmen, die einen geldpolitischen Kurswechsel bzw. dessen Verstärkung ankündigen, hierunter zu subsumieren. In dieses Schema lassen sich folgende, ab Mitte 1981 ergriffene geldpolitische Einzelmaßnahmen einordnen:

Nachfrageseitig sind dies die einmalige Erhöhung der Rediskontkontingente, die einmalige Senkung der Mindestreservesätze und die kurzfristige Bereitstellung von Zentralbankgeld im Rahmen der zahlreichen Wertpapierpensionsgeschäfte.

Angebotsseitig fallen hierunter die sukzessive Senkung des Diskont- bzw. Lombardsatzes und die Zinskonditionen der Wertpapierpensionsgeschäfte.

Als erwartungssensitiv sind insbesondere die Diskontsatzsenkung nach langer Zeit, die Wiedergewährung des regulären Lombardkredits und die Relation der Zinskonditionen der Wertpapierpensionsgeschäfte zu den sonstigen geldpolitisch fixierten Zinssätzen einzustufen.

---

[166] Für den relevanten Zeitraum ab Mitte 1981 vgl. Abschnitt C.I.3. des zweiten Teils.

2. *Nachfrageseitige Betrachtung*

Um die Liquiditätswirksamkeit der ab Mitte 1981 ergriffenen geldpolitischen Einzelmaßnahmen zu quantifizieren, sind deren Auswirkungen auf die Zentralbankguthaben der Geschäftsbanken in der folgenden Tabelle dargestellt:

Tabelle 20: **Liquiditätspolitische Maßnahmen der Bundesbank**

Jahr (Monat)		Ausgestaltung[a)]	Auswirkung[b)]
1981	Jul		+2589
	Aug		– 618
	Sep	29. 9.: WPG (6,2/34)	+6168
	Okt		+3497
	Nov	2.11.: WPG (7,5/30)/24.11: WPG (3,4/49)	+1071
	Dez	7.12.: WPG (8,5/50)	+4528
1982	Jan	4. 1.: WPG (4,6/35)	+ 445
	Feb	1. 2.: WPG (8,4/35)	–2256
	Mär	1. 3.: WPG (6,4/35)/ 8. 3.: WPG (8/36)/23.3.:WPG (5,5/34)	+6652
	Apr	5. 4.: WPG (5,5/30)	–330
	Mai	10. 5.: WPG (8,6/28)/ 17. 5.: WPG (4,2/vorübergehend)	-4883
	Jun	7. 6.: WPG (6,1/vorübergehend)/ 16. 6.: Erhöhung der Rediskontkontingente um 5 Mrd. DM	+ 390
	Jul	9. 7.: WPG (6,4/vorübergehend)	+2061
	Aug	6. 8.: WPG (6,9/28)	+ 995
	Sep	3. 9.: WPG (7,8/28)/15.9.: WPG (5,3/28) 23. 9.: lineare Mindestreservesatzsenkung um 10 %	+4273
	Okt	1.10.: WPG (7,8/32)	+4306
	Nov	8.11.: WPG (8,7/28)	-2105
	Dez		+5240

a) nach Beschlußzeitpunkt gestaffelt; ohne Devisenswap- und Devisenpensionsgeschäfte, ohne Verlagerungen von Bundesguthaben in den Geldmarkt; bei den Offenmarktoperationen sind nur die Wertpapierpensionsgeschäfte (Mrd. DM an Geschäftsbanken/zeitliche Überlassung in Tagen) angeführt (Quellen: Maßnahmenübersichten in den Sachverständigenratsgutachten bzw. Finanzberichten der jeweiligen Jahre).

b) *aller* liquiditätspolitischer Maßnahmen (also auch der nicht angeführten) auf die Entwicklung der Zentralbankguthaben, wobei die Veränderung gegenüber dem Vormonat (in Mio DM) gemessen wird (Quelle: Monatsberichte der Deutschen Bundesbank, Januar 1984, S. 6*-7*).

Aus Tabelle 20 wird in einer quartalweisen Betrachtung deutlich, daß die liquiditätspolitischen Maßnahmen der Bundesbank innerhalb des Beobachtungszeitraums mit Ausnahme des zweiten Quartals 1982 stets zu einer Erhöhung der Zentralbankgeldguthaben geführt haben. Dieser expansive Trend beruhte im zweiten Halbjahr 1981 vor allem auf den ab September vorgenommenen Wertpapierpensionsgeschäften. Zuvor waren die Liquiditätszuflüsse von sonstigen Offenmarktoperationen bzw. Devisenswap- und Devisenpensionsgeschäften ausgegangen[167]. Die Stärke der Zuflüsse nahm im ersten Quartal 1982 ab[168]. Zwar wurden wiederum zahlreiche Wertpapierpensionsgeschäfte vorgenommen, jedoch ergaben sich restriktive Einflüsse durch das Auslaufen derartiger Geschäfte, die die Bundesbank gegen Ende des Vorquartals vorgenommen hatte. Die Abflüsse im zweiten Quartal 1982 sind dadurch erklärbar, daß die neuen Wertpapierpensionsgeschäfte in ihrer Zahl und Dauer nicht ausreichend waren, um die restriktiven Wirkungen der auslaufenden Wertpapierpensionsgeschäfte vom März zu kompensieren. Demgegenüber führte die neben den Wertpapierpensionsgeschäften auch dauerhafte Zuverfügungstellung von Liquidität dazu, daß sich die Zuflüsse im zweiten Halbjahr wiederum verstärkten. So trat am 23.06. die Vergrößerung des Rediskontspielraums der Kreditinstitute um 5 Mrd. DM in Kraft, wobei gleichzeitig die Linie für die Einreichung von Privatdiskonten um 0,5 Mrd. DM heraufgesetzt wurde. Außerdem wurde zum 01.10. eine Mindestreservesatzsenkung um zehn Prozent wirksam. Schließlich führten Devisenswap- und Devisenpensionsgeschäfte zu weiteren Liquiditätszuflüssen im Dezember.

Dieser im ganzen expansive Trend bei der Entwicklung der Zentralbankguthaben stützt das Resultat der entsprechenden globalen Analyse, nach dem die zusätzliche Geldversorgung für die konjunkturelle Umkehrbewegung Ende 1982 ausreichend war.

Daneben kann aus dieser speziellen Analyse das Indiz der globalen Analyse genauer erklärt werden, wonach der durch die Ende April 1982 erfolgte Ausschüttung des Bundesbankgewinns in Höhe von 10,5 Mrd. DM induzierte starke Liquiditätszufluß durch gegenläufige geldpolitische Einzelmaßnahmen kompensiert wurde. So war der bereits zuvor analysierte Liquiditätsabfluß im zweiten Quartal 1982 von der Bundesbank insofern bereits vor dem Ausschüttungstermin geplant, als sie die Fälligkeit von einigen Wertpapierpensionsgeschäften mit den Geschäftsbanken um dieses Datum herum festgelegt hatte[169]. Damit konnte sie durch die Nichterneuerung dieser Geschäfte den durch die Gewinnausschüttung induzierten starken Liquiditätszufluß wieder teilweise kompensieren. Dieser

---

[167] Diese tabellarisch nicht aufgeführten Transaktionen sind — wie auch im folgenden — unter der in Fußnote b) von Tabelle 20 angegebenen Quelle ausgewiesen.

[168] Vgl. hierzu — wie auch im folgenden — den Geschäftsbericht der Deutschen Bundesbank für das Jahr 1982, S. 33-34.

[169] Vgl. hierzu wie auch im folgenden Dickertmann (1982), S. 280-282 bzw. Sachverständigenrat (1982), Tz. 153.

Vorgang wurde auch dadurch unterstützt, daß der Bund die ihm zufließenden Mittel nicht sofort kassenwirksam einsetzte[170]. Dadurch konnte der Gewinnbetrag einerseits zur Reduktion des bei der Bundesbank in Anspruch genommenen Kassenkredits und andererseits im Rahmen der Einlagenpolitik als vorübergehende Anlage im Bankensystem verwendet werden. Erst im Laufe des Monats Mai wurden die Gelder dann schrittweise zurückgezogen und zum Teil kassenwirksam verausgabt, so daß das Zentralbankgeld aus dem Bundesbankgewinn allmählich und endgültig im Geldkreislauf untergebracht wurde. Demnach ging von der Ausschüttung des Bundesbankgewinns kein nennenswerter Beitrag zur zusätzlichen Geldversorgung aus, da es der Bundesbank mit Unterstützung des Bundes gelungen ist, den Gewinnbetrag weitgehend reibungslos in den Geldkreislauf einzubringen.

3. Angebotsseitige Betrachtung

In der entsprechenden globalen Analyse stand die Frage im Vordergrund, inwieweit die Senkungen der kurzfristigen Zinsen auf den Kapitalmarktzins übergegriffen haben. Bei dieser speziellen Analyse ist der Untersuchungsgegenstand insofern vorgelagert, als untersucht wird, inwieweit die Bundesbank ab Mitte 1981 durch die konkrete Ausgestaltung ihres liquiditäts- und zinspolitischen Instrumentariums das Geldmarktzinsniveau überhaupt beeinflußt hat. Demnach wird implizit davon ausgegangen, daß über geldpolitische Maßnahmen die Preisbildung am Geldmarkt wesentlich bestimmbar ist[171]. Für eine solche Analyse sind die geldpolitisch fixierten Zinssätze von Bedeutung, die in der Tabelle 21 aufgelistet sind[172].

Seit dem relativen Zinsgipfel im März 1981 in Höhe von 13,6 %[173] war Tabelle 21 zufolge bis zum Beginn des Aufschwungs eine kontinuierliche Senkung des Geldmarktzinsniveaus zu verzeichnen, sieht man einmal von einem vorübergehenden Ansteigen der Geldmarktzinsen zwischen Mai und Juli 1982 ab. Kurz vor dem relativen Zinsgipfel hatte die Bundesbank im Februar 1981 den Normallombard durch den um drei Prozentpunkte teureren Sonderlombardkredit ersetzt, der zudem unter dem Vorbehalt der täglichen Widerrufbarkeit stand. Hierdurch wurde der starke Geldmarktzinsanstieg im Folgemonat auf 13,6 % wesentlich bestimmt[174]. Nach dem relativen Zinsgipfel waren bis Ende September — abgese-

---

[170] Vgl. Geschäftsbericht der Deutschen Bundesbank für das Jahr 1982, S. 33.

[171] Dies ist in der einschlägigen Literatur unbestritten, wie etwa bei Jander (1986), S.53 und den dort angeführten Literaturhinweisen.

[172] Da der Geldmarktzins auch durch liquiditätspolitische Maßnahmen der Bundesbank beeinflußt wird, ist Tabelle 20 für diese Analyse ebenfalls relevant.

[173] Quelle: vgl. Fußnote b) in Tabelle 21.

[174] Vgl. den Geschäftsbericht der Deutschen Bundesbank für das Jahr 1981, S. 5.

Tabelle 21: **Zinspolitische Maßnahmen der Bundesbank**

Jahr (Monat)	Diskontsatz[a)]	Lombardsatz[a)]	Zinskondition (WPG)[a)]	Geldmarktzins[b)]	Kapitalmarktzins[c)]
1981					
JUL	Seit 25.2.: Sonderlombard (12,0)			13,0	11,2
AUG				12,9	11,5
SEP			29.9:11,4	12,5	11,3
OKT		8.10.:12,0->11,0		11,8	10,6
NOV			2.11.:11,1/24.11:10,6	11,1	10,2
DEZ		3.12.:11,0->10,5	7.12.:10,3	10,8	9,9
1982					
JAN		21.1.:10,5->10,0	4.1.:10,3	10,5	10,0
FEB			1.2.:10,0	10,3	9,9
MÄR		18.3.:10,0->9,5	1.3.:9,8/8.3.:9,8/23.3.:9,3	9,9	9,6
APR			5.4.:9,3	9,3	9,1
MAI		wieder regulärer 6.5.:Lombard (9,0)	10.5.:8,9/17.5.:8,9	9,2	8,9
JUN			7.6.:8,9	9,3	9,2
JUL			9.7.:8,9	9,5	9,5
AUG	26.8.:7,5->7,0	26.8.:9,0->8,0	6.8.:8,9	9,0	9,2
SEP			3.9.:8,0/15.9.:7,8	8,2	8,8
OKT	21.10.:7,0->6,0	21.10.:8,0->7,0	1.10.:7,5	7,6	8,4
NOV			8.11.:6,9	7,3	8,2
DEZ	2.12.:6,0->5,0	2.12.:7,0->6,0		6,6	8,0

a) in Prozent und nach Beschlußzeitpunkt gestaffelt; das Inkrafttreten der Diskont- und Lombardsatzreduktionen erfolgte jeweils einen Tag später (Quellen: Maßnahmenübersichten in den Sachverständigenratsgutachten bzw. Finanzberichten der jeweiligen Jahre).

b) ermittelt als monatsdurchschnittlicher Dreimonatsgeldsatz in Frankfurt a.M. (in Prozent); Quelle: Monatsberichte der Deutschen Bundesbank, Januar 1983, S. 51*.

c) ermittelt als Umlaufsrenditen festverzinslicher Wertpapiere (in Prozent); Quelle: Monatsberichte der Deutschen Bundesbank, Januar 1982, S. 53* bzw. Januar 1983, S. 57*.

hen von Wertpapierpensionsgeschäften Anfang April — keine nennenswerten geldpolitischen Einzelmaßnahmen zu verzeichnen[175]. Demnach hat die Geldpolitik sowohl die Zinsumkehr am Geldmarkt wie auch die Geldmarktentspannung zwischen dem Beginn des Beobachtungszeitraums im Juli 1981 bis Ende September 1981 nicht beeinflußt. Demgegenüber gibt es ab Ende September 1981[176] deutliche Indizien für eine geldpolitische Beeinflussung der Geldmarktzinssenkung:

Das Wertpapierpensionsgeschäft vom 29.09.1981 führte zu starken Liquiditätszuflüssen im September und Oktober[177]. Daneben wurden gleichzeitig Zinssenkungserwartungen und ein damit verbundener Druck auf das Geldmarktzinsniveau dadurch ausgelöst, daß die Zinskondition dieser geldpolitischen Maßnahme mit 11,4 % nicht nur deutlich unter dem Marktniveau in Höhe von 12,5 %, sondern auch unter dem weiterhin 12 % betragenden Sonderlombardsatz lag. Diese Erwartungen wurden im Oktober 1981 insofern stabilisiert, als die Bundesbank den Sonderlombardsatz auf 11 % und damit unter das Niveau der Zinskondition für das Wertpapierpensionsgeschäft reduzierte.

Auch zwischen November 1981 und April 1982 wurde die Zinssenkung am kurzen Ende mehrmals in gleicher Weise geldpolitisch beeinflußt. In diesem Zeitraum wurden ebenfalls zahlreiche Wertpapierpensionsgeschäfte vorgenommen, die — wie Tabelle 20 ausweist — insbesondere Im Dezember 1981 und im März 1982 zu starken Liquiditätszuflüssen führten. Gleichzeitig wurden wiederum Zinssenkungserwartungen insofern hervorgerufen, als die Bundesbank für das jeweilige Wertpapierpensionsgeschäft Zinskonditionen gewährte, die unterhalb des zu diesem Zeitpunkt jeweils gültigen Marktniveaus lagen. Diese Erwartungen wurden anschließend dadurch bekräftigt, daß der Sonderlombardsatz im Dezember 1981, Januar bzw. März 1982 jeweils auf ein Niveau reduziert wurde, das noch unterhalb der Zinskondition für das jeweils vorhergehende Wertpapierpensionsgeschäft lag.

Die Stockung der Geldmarktentspannung bzw. der vorübergehend leichte Anstieg der Geldmarktzinsen zwischen Mai und Juli 1982 war ebenfalls geldpolitisch beeinflußt. So überwogen in diesem Zeitraum per Saldo die geldpolitisch induzierten Liquiditätsabflüsse insbesondere deshalb, weil die in den Monaten März und April vorgenommenen Wertpapierpensionsgeschäfte durch solche Geschäfte ersetzt wurden, die auch wegen ihrer vergleichsweise kurzen Terminierung eine betragsgleiche Verlängerung des zuvor zuverfügunggestellten Umfangs an Zentralbankgeld nicht sicherstellten. Zudem wurden die Zinskonditio-

[175] Vgl. Tabelle 21 und 20 sowie für den Zeitraum vor Juli 1981 die in Fußnote a) der Tabelle 21 angegebene Quelle.

[176] Vgl. hierzu im folgenden Tabelle 21 und den Geschäftsbericht der Deutschen Bundesbank für das Jahr 1981, S. 7, S. 10.

[177] Vgl. Tabelle 20.

nen dieser Wertpapierpensionsgeschäfte ab dem 10.05.1982 monatelang bei 8,9 % festgeschrieben, so daß sich auch keine Zinssenkungserwartungen bilden konnten.

Die ab Juli 1982 beobachtbare deutliche Geldmarktzinssenkung bis zur konjunkturellen Umkehrbewegung im Dezember stand ebenso unter starkem geldpolitischen Einfluß, der nach der zuvor skizzierten Vorgehensweise der Bundesbank erfolgte. Die aus Tabelle 20 ablesbaren starken Liquiditätszuflüsse insbesondere im Juli, September, Oktober und auch Dezember des Jahres 1982 waren vor allem durch zahlreiche Wertpapierpensionsgeschäfte hervorgerufen. Zudem lagen deren Zinskonditionen jeweils unter Marktniveau, was zu Zinssenkungserwartungen führte. Diese wurden anschließend durch Reduktionen des nun wieder regulären Lombardsatzes stabilisiert, die noch unterhalb der Zinskonditionen für das jeweils vorhergehende Wertpapierpensionsgeschäft lagen. Außerdem waren diese Senkungen des Lombardsatzes mit zeitgleichen Diskontsatzreduktionen verknüpft.

Insgesamt haben damit die geldpolitischen Maßnahmen die Geldmarktzinsentwicklung erst ab dem vierten Quartal 1981, dafür jedoch deutlich beeinflußt, da ein geldpolitischer Einfluß auf die vorherige Geldmarktzinssenkung inklusive der Geldmarktzinsumkehr im Frühjahr 1981 nicht nachweisbar war.

Das Resultat der globalen Analyse, nach dem innerhalb des Beobachtungszeitraums die Entspannung des Geldmarkts insbesondere ab Juli 1982 ungehindert auf den Kapitalmarkt übergreifen konnte, wird durch diese spezielle Analyse in einem Punkt eingeschränkt[178]. Die im August 1981 einsetzende Senkung des Kapitalmarktzinsniveaus[179] blieb bis zum September 1981 geldpolitisch unbeeinflußt, da ein geldpolitischer Einfluß auf den Geldmarktzins im dritten Quartal 1981 nicht abzuleiten war. Die geldpolitischen Einzelmaßnahmen haben erst ab Oktober 1981 die Kapitalmarktzinssenkung unterstützt. Eine uneingeschränkte Weitergabe der Impulse der Einzelmaßnahmen auf das Kapitalmarktzinsniveau dürfte jedoch erst ab Juli 1982 erfolgt sein, da der globalen Analyse zufolge die Stärke der Geldmarktabhängigkeit des Kapitalmarkts durch die bis Juli 1982 beobachtbare inverse Zinsstruktur abgeschwächt war.

4. Erwartungsseitige Betrachtung

In der entsprechenden globalen Analyse wurde herausgearbeitet, daß die Wirtschaftssubjekte erst nach der Entspannung der außenwirtschaftlichen Situation im vierten Quartal 1981 und der Brechung der Preisniveauauftriebstendenzen

[178] Dieser Aspekt wird teilweise auch aufgegriffen von Jander (1986), S. 142-144.

[179] Vgl. hierzu Tabelle 21.

zum Jahreswechsel 1981/82[180] einen expansiveren geldpolitischen Kurs für angemessen hielten. Dementsprechend sind im folgenden die in Tabelle 20 und 21 aufgelisteten Einzelmaßnahmen der Bundesbank ab Mitte 1981 daraufhin zu untersuchen, inwieweit sie abgestimmt waren auf die Entwicklung der außenwirtschaftlichen Lage und den Verlauf der Inflationsrate. Dabei gelangt man zu folgenden Ergebnissen:

Dem bis Ende 1981 vom privaten Sektor als angemessen angesehenen restriktiven geldpolitischen Kurs wurde durch die Ausgestaltung der Einzelmaßnahmen entsprochen. So wurden im dritten Quartal unter dem Regime des Sonderlombards keine nennenswerten Einzelmaßnahmen ergriffen. Im vierten Quartal setzte dann zwar eine behutsame Auflockerung des Geldmarkts durch Wertpapierpensionsgeschäfte ein, deren Zinskonditionen jeweils unter dem aktuellen Sonderlombardsatz lagen. Die privaten Wirtschaftssubjekte dürften dies jedoch nicht als einen geldpolitischen Kurswechsel aufgefaßt haben, da in dieser Phase die globale Geldmengenentwicklung den Zielkorridor sogar unterschritt. Außerdem erschien angesichts einer Aktivierung der Leistungsbilanz im vierten Quartal 1981 und einer im November rückläufigen Inflationsrate[181] ein vorsichtiges Abtasten der gewonnenen Handlungsspielräume angemessen.

Auch der für das Jahr 1982 als erwartungskonsistent einzustufende geldpolitische Kurswechsel bzw. dessen Verfestigung wurde durch die Einzelmaßnahmen der Bundesbank gestützt. So mußten die Wirtschaftssubjekte die durch zahlreiche Wertpapierpensionsgeschäfte verursachte Auflockerungen des Geldmarktes in Anbetracht der sich gleichzeitig beschleunigenden Geldmengenausweitung nun als expansiv interpretieren. Außerdem wurde dem privaten Sektor durch die erste Diskonsatzsenkung seit längerer Zeit im August und die Mindestreservesatzsenkung im September jeweils verdeutlicht, daß die Bundesbank an ihrem Kurs einer kontinuierlichen geldpolitischen Lockerung festhält.

Hierdurch wird insgesamt das Resultat der entsprechenden globalen Analyse bestätigt, da auch die geldpolitischen Einzelmaßnahmen in ihrer Ausgestaltung bzw. Einbindung in den globalen Kurs die Umkehr der Erwartungsverschlechterung im zweiten Halbjahr 1981 nicht behindert und die weitere Verbesserung der Erwartungen im Jahr 1982 gefördert haben. Diese Bestätigung gilt auch für das weitere Ergebnis der globalen Analyse, nach dem der Kurs einer stetigen geldpolitischen Lockerung angesichts einer monetaristischen Erwartungsstruktur von Konsumenten und Investoren wohl auch zu deren Stimmungsrückschlag im dritten Quartal 1982 beigetragen hat; denn die Bundesbank gab trotz einer vorübergehenden Inflationsbeschleunigung im zweiten Quartal 1982 mit der Wiedergewährung des regulären Lombardkredits im Mai und der Erhöhung der Rediskont-

180 Vgl. hierzu wie auch im folgenden Tabelle 19.

181 Quelle: Monatsberichte der Deutschen Bundesbank, Mai 1982, S. 72*.

kontigente im Juni auch mit ihren Einzelmaßnahmen zu erkennen, den Kurs einer zunehmenden geldpolitischen Lockerung dennoch beizubehalten.

5. Fazit: Präzisierungen des global abgeleiteten geldpolitischen Beitrages

Faßt man die verschiedenen Ergebnisse der Wirkungsanalyse der geldpolitischen Einzelmaßnahmen zusammen, werden die aus den globalen Impulsanalysen gezogenen Schlußfolgerungen zusätzlich erklärt und zum Teil auch modifiziert:

Nachfrageseitig werden die Ergebnisse der entsprechenden globalen Analyse, wonach die zusätzliche Geldversorgung für die konjunkturelle Umkehrbewegung Ende 1982 ausreichend war und hierzu von der Ausschüttung des Bundesbankgewinns Ende April 1982 kein nennenswerter Beitrag ausging, von der speziellen Analyse bestätigt. So konnte zum einen erklärt werden, inwiefern die liquiditätspolitischen Maßnahmen der Bundesbank den im ganzen expansiven Trend bei der Entwicklung der Zentralbankguthaben verursacht haben; zum anderen war die Ausschüttung des Bundesbankgewinns in Höhe von 10,5 Mrd. DM für die zusätzliche Geldversorgung insofern ohne nennenswerte Bedeutung, als es der Bundesbank gelungen ist, den starken Liquiditätszufluß durch die Nichterneuerung einiger Wertpapierpensionsgeschäfte zu kompensieren.

Angebotsseitig wird das Resultat der entsprechenden globalen Analyse, nach dem innerhalb des Beobachtungszeitraums die Entspannung des Geldmarkts insbesondere ab Juli 1982 ungehindert auf den Kapitalmarkt übergreifen konnte, in einem Punkt eingeschränkt. Die im August 1981 einsetzende Senkung des Kapitalmarktzinsniveaus wurde erst ab Oktober 1981 geldpolitisch beeinflußt, da die liquiditäts- und zinspolitischen Maßnahmen der Bundesbank die Geldmarktzins- und damit auch die Kapitalmarktzinsentwicklung erst ab dem vierten Quartal 1981 beeinflußt haben.

Erwartungsseitig wird das Ergebnis der globalen Analyse ebenfalls weitgehend bestätigt, da auch die Ausgestaltung der geldpolitischen Einzelmaßnahmen die Umkehr der Erwartungsverschlechterung im zweiten Halbjahr 1981 nicht behindert und die weitere Verbesserung der Erwartungen im Jahr 1982 gefördert hat. Zwar kam es gelegentlich — wie etwa im vierten Quartal 1981 — zu Abweichungen zwischen den einzelnen Maßnahmen und dem geldpolitischen Kurs der Bundesbank; jedoch wurde hierdurch der globale Erwartungsimpuls nicht beeinträchtigt, da sich die Wirtschaftssubjekte bei solchen Differenzen in erster Linie wohl am geldpolitischen Kurs orientiert haben.

Diese jeweilige weitgehende Bestätigung der global abgeleiteten geldpolitischen Impulse impliziert, daß der durch Einbeziehung der ökonomischen Ausgangslage ermittelte globale geldpolitische Beitrag weiterhin Gültigkeit besitzt:

Demnach hat der Kurs der Bundesbank die Entspannung am Kapitalmarkt insbesondere ab Juli 1982 wesentlich mitbestimmt, die Erwartungen von Konsumenten und Investoren zum Teil verbessert und eine ausreichende zusätzliche Geldversorgung für die konjunkturelle Umkehrbewegung ermöglicht. Für die aus dem globalen Beitrag abgeleitete stärkere Beeinflussung der Ausrüstungsinvestitionen ergaben sich jedoch in den speziellen Analysen — im Gegensatz zur finanzpolitischen Wirkungsanalyse — keine Indizien.

D. Der Beitrag der Finanz- und Geldpolitik im Gesamtzusammenhang

I. Verbindungen zwischen den beiden Politikbereichen

Im Rahmen der bisherigen Untersuchung wurde der finanz- und geldpolitische Beitrag jeweils getrennt global ermittelt und im Anschluß daran anhand der Einzelmaßnahmen beider Politikbereiche präzisiert[182]. Hierbei ergaben sich gemeinsame Einflußbereiche, die im folgenden genauer gegeneinander abgegrenzt werden sollen. Damit soll der jeweilige Teilbeitrag nicht nur zusätzlich präzisiert werden, sondern es sollen auch Aussagen zur Gewichtsverteilung zwischen Finanz- und Geldpolitik am Gesamtbeitrag gewonnen werden.

Nachfrageseitig ergeben sich keine direkten Verbindungen zwischen der Finanz- und der Geldpolitik. Die jeweiligen globalen Impulse wurden zwar mit demselben Grundansatz berechnet, sie sind jedoch nicht miteinander vergleich- und insbesondere auch nicht addierbar[183]. So zeigen die nachfrageseitigen finanzpolitischen Impulse direkt an, inwiefern dem privaten Sektor durch die Finanzpolitik Nachfrage zugeführt oder entzogen wurde. Demgegenüber haben die entsprechenden geldpolitischen Impulse eine andere Qualität; denn diese zeigen etwa im expansiven Fall die über den Anstieg des nominalen gesamtwirtschaftlichen Produktionspotentials hinausgehende Geldversorgung für zusätzliche Ausgabemöglichkeiten an, die vom privaten Sektor nicht notwendigerweise für zusätzliche Ausgaben verwendet werden muß[184]. Diese mangelnde Vergleichbarkeit der Impulse ist für unsere Analyse jedoch nicht von Nachteil, da die im Beobachtungszeitraum zu verzeichnenden gegenläufigen Nachfrageimpulse einer eher restriktiv ausgerichteten Finanzpolitik und einer demgegenüber auf eine kontinuierliche Lockerung abzielenden Geldpolitik prinzipiell schwer vergleich-

---

182 Vgl. hierzu wie auch im folgenden die Abschnitte B.III.5. bzw. C.III.5. des zweiten Teils.

183 Vgl. Krupp (1985), S.105-106.

184 ebenda, S. 103-104.

bar sind. Demzufolge bleiben die abgeleiteten Ergebnisse weiterhin unverbunden bestehen: der finanzpolitisch induzierte Nachfrageentzug im Jahr 1982 war eher schwach, die Geldpolitik hat eine ausreichende zusätzliche Geldversorgung für die konjunkturelle Umkehrbewegung Ende 1982 ermöglicht.

Angebotsseitig stellt das Kapitalmarktzinsniveau als gemeinsamer Impulsindikator die Schnittstelle zwischen Finanz- und Geldpolitik dar. Dabei ergaben die jeweiligen Wirkungsanalysen, daß die Kapitalmarktzinssenkung durch die Finanzpolitik geringfügig, durch die Geldpolitik hingegen deutlich beeinflußt worden ist. Demnach ist unter diesem Aspekt der finanzpolitische Impuls von einer vergleichsweise geringen Bedeutung. Diese Einschätzung wird auch dadurch nicht relativiert, daß die Geldpolitik den Kapitalmarktzins nur mittelbar über den Geldmarktzins zu beeinflussen vermag und eine Beeinflussung des Kapitalmarktzinsniveaus auch erst ab Juli 1982 uneingeschränkt erfolgte.

Erwartungseitig wurden ebenfalls mit dem Geschäfts- und dem Konsumklima gemeinsame Impulsindikatoren für beide Politikbereiche zugrundegelegt. Die entsprechenden Wirkungsanalysen ergaben dabei einen vergleichsweise stärkeren Beitrag der Finanzpolitik zur Verbesserung der Erwartungen im privaten Sektor. Dies trifft allerdings auch umgekehrt auf den Beitrag zur Verschlechterung der Erwartungen der Investoren in den ersten drei Quartalen und der Verbraucher im dritten Quartal 1982 zu. Diese deutlichere finanzpolitische Beeinflussung der Erwartungen in positiver wie in negativer Hinsicht liegt wohl auch darin begründet, daß die zu Beginn der achtziger Jahre zunehmende Skepsis der privaten Wirtschaftssubjekte bezüglich wirtschaftspolitischer Erfolgschancen und der damit verbundenen Erwartungsverschlechterung bei der Finanzpolitik stärker ausgeprägt war. Indizien hierfür sind der von der Öffentlichkeit als selbstverschuldet angesehene Verlust des finanzpolitischen Handlungsspielraums zu Beginn der achtziger Jahre, das feststellbare erwartungsbedingte crowding-out zwischen 1980 und Mitte 1981 und das fehlende schuldenpolitische Konzept des Bundes bei der Erstellung des Haushalts 1981. Demgegenüber waren weite Kreise der Auffassung, daß zumindest die außenwirtschaftlich bedingte Einschränkung des geldpolitischen Handlungsspielraums in Form einer Kursschwäche der D-Mark und einer defizitären Leistungsbilanz nicht auf Versäumnissen der Geldpolitik in der Vergangenheit beruhte. Diese Auffassung wurde dadurch bekräftigt, daß die Bundesbank stets einen eindeutigen Kurs zur Erhaltung der Preisniveau- und Wechselkursstabilität verfolgte.

Unter Einbeziehung der ökonomischen Ausgangslage, durch die der finanzpolitische Nachfrageentzug relativiert und die Angebots- bzw. Erwartungsimpulse aufgewertet werden, kann man damit insgesamt davon ausgehen, daß die Finanz- und die Geldpolitik schwerpunktmäßig in jeweils unterschiedlichen Einflußbereichen zum Konjunkturaufschwung 1982/83 beigetragen haben. Dabei hat in erster Linie die Finanzpolitik die Erwartungsverbesserung im privaten Sektor beeinflußt, während die Geldpolitik — und dies in einem noch stärkeren Maße —

die Senkung des Kapitalmarktzinses bestimmt hat. Der nachfrageseitige Aspekt bleibt davon — wie oben dargelegt — unberührt.

Hinsichtlich der Auswirkungen auf die relevanten makroökonomischen Aggregate war bei beiden Politikbereichen angebots- und erwartungsseitig eine stärkere Förderung der Ausrüstungsinvestitionen im Vergleich zum privaten Konsum abgeleitet worden. Dies wurde auch noch nachfrageseitig für die Finanzpolitik im Rahmen der entsprechenden Einzelanalyse bekräftigt, wohingegen man bei der Geldpolitik von einer neutralen monetären Alimentierung dieser makroökonomischen Aggregate ausgehen kann. Demnach ist der Finanzpolitik der größere Beitrag an der stärkeren Förderung der Ausrüstungsinvestitionen beizumessen.

II. Verbleibende Erklärungsdefizite

Das vorliegende Zwischenergebnis der Untersuchung ist insofern unvollständig, als die Belebung des privaten Konsums nicht ausreichend erklärt ist und die Ergebnisse der einzelnen Impulsanalysen noch zusätzlich präzisiert werden können. So weisen die nachfrageseitigen Impulskonzepte und damit auch das zugrundegelegte Konzept des DIW zwar nicht bezüglich der Richtung, dafür hinsichtlich der Stärke der Impulse Fehlermargen auf[185]. Außerdem wurde bei der Herleitung der angebots- und erwartungsseitigen Impulsindikatoren festgestellt, daß diese nicht ausschließlich den finanz- und geldpolitischen Einfluß aufzeigen.

Die Präzisierung der nachfrageseitigen Impulsanalysen wird jedoch aus mehreren Gründen nicht weiterverfolgt. Zunächst waren einige Mängel durch die Eingrenzung und den Aufbau der Untersuchung von vornherein vermieden worden. So stellte die Wirkungsanalyse auf reine Impulse ab und umging damit die Schätzung von Multiplikatoren als potentielle Fehlerquelle. Daneben wurden die jeweiligen nachfrageseitigen Analysen durch zusätzliche angebots- und erwartungsseitige Analysen insofern präzisiert, als für die Finanzpolitik der crowding-out-Problematik Rechnung getragen wurde und für die Geldpolitik Impulsindikatoren aufgegriffen wurden, die in einem direkteren Zusammenhang zum realwirtschaftlichen Bereich stehen. Schließlich hätten für eine nachfrageseitige Präzisierung alternative Impulskonzepte herangezogen werden müssen, bei denen jedoch das prinzipielle Problem einer ungenauen Wiedergabe der Impulsstärke weiterhin bestünde.

[185] Vgl. Rohwer (1988), S. 161-162 sowie die dort angeführten Hauptursachen und zusätzlichen Literaturhinweise.

Demgegenüber werden die angebots- und erwartungsseitigen Impulsanalysen zusätzlich präzisiert. Als angebots- bzw. erwartungsseitige „*Präzisierungsfaktoren*" wurden dabei im Rahmen der Ausgangsanalyse und der entsprechenden Wirkungsanalyse der internationale Zinszusammenhang bzw. allgemeinpolitische Ereignisse bereits angeführt.

Selbst nach dieser Präzisierung dürften noch weiterhin Erklärungsdefizite — auch hinsichtlich der Belebung des privaten Konsums — existieren, die im Rahmen derartiger Plausibilitätsüberlegungen unvermeidlich sind. Um diese Defizite noch weiter zu reduzieren, soll deshalb anschließend der Einfluß weiterer Faktoren auf die konjunkturelle Umkehrbewegung Ende 1982 analysiert werden, die weder finanz- noch geldpolitisch beeinflußbar sind; denn hierdurch wird der finanz- und geldpolitische Beitrag relativiert und damit indirekt präzisiert. Derartige „*Relativierungsfaktoren*" müssen zunächst aus einer konjunkturtheoretisch fundierten Systematik stabilisierender Einflußgrößen abgeleitet werden, die gleichzeitig zur Bestätigung der zuvor angeführten „Präzisierungsfaktoren" herangezogen wird. Beide Faktorbündel zusammengenommen werden im folgenden als sonstige stabilisierende Einflußfaktoren bezeichnet.

E. Der Beitrag der sonstigen stabilisierenden Einflußfaktoren

I. Die Herleitung der sonstigen stabilisierenden Einflußfaktoren

Die Entwicklung einer Systematik der Konjunkturdeterminanten zur Ermittlung der sonstigen stabilisierenden Einflußfaktoren ist insofern schwierig, als im Laufe der Konjunkturforschung eine Vielzahl unterschiedlicher Ansätze zur Erklärung der Konjunkturschwankungen entwickelt worden ist[186]. Aus diesen ist ein kaum noch überschaubares Spektrum an Einflußfaktoren hervorgegangen. Daher ist eine Beschränkung auf ein weniger detailliert ausgearbeitetes Klassifikationsschema, das die wesentlichen Konjunkturdeterminanten enthält, notwendig.

Der folgende Systematisierungsversuch stammt von Rohwer[187], der hierbei auch Elemente der Theorien von Haberler, Jöhr und Giersch verarbeitet hat. Dabei erklärt Giersch die Konjunkturbewegungen aus dem Zusammenwirken von destabilisierenden und stabilisierenden Faktoren[188], während Jöhr in sei-

[186] Einen komprimierten Überblick hierzu liefert Vosgerau (1978).

[187] Vgl. hierzu wie auch im folgenden Übersicht 1.

[188] Vgl. Giersch (1977), S. 27.

Übersicht 1: Wichtige Einflußfaktoren des Konjunkturverlaufs

destabilisierende Faktoren

exogene Störimpulse

1. Politische Krisen
2. Außenwirtschaftl. Störungen
   - Wechselkurs- und Importpreisänderungen
   - internationale Konjunkturübertragung
3. Fehler der Wirtschaftspolitik
4. Störungen des sozialen Friedens
5. Unregelmäßig anfallende technische Erfindungen
6. Entdeckung neuer Rohstoffe und Rohstofflager

endogene Faktoren der Selbstverstärkung

1. Multiplikator-/Akzeleratormechanik (insbes. Kapitalstock- und Lageranpassung)
2. Verzögerungen aufgrund von Produktionsumwegen (verzögerte Marktreife von Konsumgütern)
3. Verzögerungen bei der Lohn- und Preisanpassung
4. Stimmungswellen (psychologische Ansteckung)
5. Ausbreitung neuer Technologien

stabilisierende Faktoren

die Ausbreitung von Störeinflüssen hemmende Faktoren

1. Stabilität der mittel- und längerfristigen Erwartungen
   - Beurteilung der Systemstabilität
   - Beurteilung der längerfristigen Wachstumschancen
   - Beurteilung des politischen und sozialen Konsens
2. Existenz von "Puffern"
   - Vermögensbestand (im Unternehmenssektor insbes. Eigenkapital und stille Reserven)
   - Höhe des cash flow (insbes. Abschreibungsvolumen und Gewinnhöhe)
   - Umfang und Flexibilität der Lagerhaltung

endogene Faktoren der Richtungsänderung

1. Wirksamkeit unterer und oberer Schranken
   a) untere Schranken
      - Desinvestition bzw. Erhaltung des Kapitalstocks
      - Fortführung oder Aufstockung von Rationalisierungsinv.
      - Mindest-Lebensstandard
      - konsumt. Ersatzbedarf
   b) obere Schranken
      - Ressourcenverfügbarkeit
      - Stabilisierung des Konsums aufgrund nachlassender Ersatznachfrage, verstärkter Zukunftsversorge u.a.
2. Antizyklische Veränderungen des Konkurrenzdrucks und der Bemühungen um Kostensenkung, Erschließung neuer Märkte und Entwicklung neuer Technologien
3. Dem Konjunkturverlauf verzögert folgende Lohn- und Kreditkosten
4. Bewußtwerden fehlerhafter Kapazitätsanpassungen

exogene Faktoren der Richtungsänderung

1. Antizyklisch wirksame Geld- und Finanzpolitik
2. Sonstige, nun (kurzfristig) stabilisierend wirkende exogene Impulse (Änderungen der politischen und Rahmenbedingungen usw., vgl. Spalte ganz links)

Quelle: Rohwer (1988) S. 148.

ner Theorie Faktoren der Selbstverstärkung und Richtungsänderung verwendet[189].

In diesem Schema ist der Kern der bisherigen Untersuchung in Form der antizyklisch wirksamen Geld- und Finanzpolitik als exogener, auf den Schwingungsmechanismus einwirkender Faktor der Richtungsänderung dargestellt. Aus diesem Schema scheidet die Obergruppe der destabilisierenden Faktoren von vornherein aus unserer Analyse stabilisierender Einflüsse aus. Ebenso ist innerhalb der Obergruppe der stabilisierenden Faktoren die Stabilität der mittel- und längerfristigen Erwartung für unsere kurzfristige Betrachtungsweise nicht von Bedeutung[190].

Demnach verbleiben als sonstige stabilisierende Einflußfaktoren die sonstigen exogenen Impulse, die kurzfristig stabilisierend wirken, und die Wirksamkeit unterer Schranken als endogene Faktoren der Richtungsänderung[191]. Diese müssen für die weitere Analyse konkretisiert werden. Dabei erhält man die Elemente des *exogenen* Teils dadurch, daß eine Abschwächung der exogenen Störimpulse unterstellt wird, die bei den destabilisierenden Faktoren angeführt sind. Diese sind auch vor dem Hintergrund der Analyse der gesamtwirtschaftlichen Rahmenbedingungen im ersten Teil für den Zeitraum Mitte 1981 bis Ende 1982 folgendermaßen interpretierbar:

Zunächst relativierten sich die politischen Krisen durch die Beruhigung der außenpolitischen Lage wie auch durch die Wiedererlangung innenpolitischer Stabilität[192]. Ferner verminderten sich die außenwirtschaftlichen Störungen im Zuge des sinkenden ausländischen Zinsniveaus (insbesondere in den Vereinigten Staaten)[193] und der Abschwächung des zweiten Ölpreis-Schocks von 1979/80[194]. Schließlich bestand die Vermeidung früherer Fehler der Wirtschaftspolitik vor allem in einem moderateren Kurs der Lohnpolitik[195]. Die in der Übersicht 1 unter den Punkten 4., 5. und 6. angeführten Faktoren haben in unserem Beobachtungszeitraum keine entscheidende Rolle gespielt.

Die Elemente des *endogenen* Teils lassen sich den aufschwungsrelevanten makroökonomischen Aggregaten direkt zuordnen. Dabei kann man die Erhaltung des Kapitalstocks bzw. die Aufstockung von Rationalisierungsinvestitionen auf

---

189 Vgl. Enke u.a. (1984), S. 177.

190 Für den Punkt 2. dieser Faktorengruppe ist ebenfalls kein direkter Bezug zu unserer Problemstellung herstellbar.

191 Innerhalb dieses Faktorbündels sind die oberen Schranken für unsere Fragestellung angesichts einer tiefgreifenden Rezession ohne Relevanz. Das gleiche trifft auf die Punkte 2., 3. und 4. dieser Faktorgruppe zu.

192 Vgl. Tabelle 14.

193 Vgl. Tabelle 13.

194 Vgl. Tabelle 4.

195 Ebenda.

die Ausrüstungsinvestitionen und den Mindest-Lebensstandard bzw. den konsumtiven Ersatzbedarf auf den privaten Verbrauch beziehen.

Insgesamt verbleiben damit als „Präzisierungsfaktoren" die Entspannung politischer Krisen und das sinkende ausländische Zinsniveau, während als „Relativierungsfaktoren" die Abschwächung des zweiten Ölpreis-Schocks, der moderatere Kurs der Lohnpolitik und die Bedeutung der endogenen Schwankungsdynamik in Betracht kommen. Hieraus ergibt sich der Aufbau der folgenden Analyse, für die die Entwicklung der beiden Faktorengruppen in der Tabelle 22 noch einmal aufgelistet wurde.

II. Die Präzisierung des finanz- und geldpolitischen Beitrages

1. Die Bedeutung allgemeinpolitischer Ereignisse

Zuvor sowie in der erwartungsseitigen finanzpolitischen Analyse wurde herausgearbeitet, daß die allgemeinpolitischen Ereignisse neben der Finanz- und der Geldpolitik als wesentlicher Einflußfaktor der Erwartungsbildung im privaten Sektor zu Beginn der achtziger Jahre anzusehen sind. Da bei der späteren Abwägung der finanz- und geldpolitischen Teilbeiträge vergleichsweise deutlichere finanzpolitische Impulse für die Erwartungsbildung abgeleitet wurden, wird im folgenden geklärt, inwieweit die allgemeine politische Entwicklung den finanzpolitischen Beitrag zur Erwartungsverbesserung im privaten Sektor[196] geschmälert hat.

Verfolgt man die politische Chronik bis zum Ende der siebziger Jahre[197] zurück, wird deutlich, daß beunruhigende Ereignisse im *Ausland* wie etwa im Iran und in Afghanistan dominierten. Diese Verschlechterung des internationalen Klimas, die auch im sprunghaften Anstieg des Goldpreises zwischen 1979 und 1980 zum Ausdruck kommt, dürfte ihrerseits viele Wirtschaftssubjekte verunsichert[198] und damit den Konjunktureinbruch im zweiten Quartal 1980 zumindest verschärft haben.

Im weiteren Verlauf verlagerten sich die politisch induzierten Erwartungsimpulse zunehmend auf *inländische* Ereignisse. Dies wurde dadurch begünstigt, daß man mit der Wahl Reagans zum US-Präsidenten Ende 1980 die Hoffnung auf eine Stabilisierung der weltpolitischen Lage verband[199] und die Unruhen in Po-

---

196 Zu den genauen Daten vgl. hierzu wie auch im folgenden Tabelle 14.

197 Vgl. die Einzelauflistung in Tabelle 22.

198 Vgl. Leibinger (1985), S. 55.

199 Allerdings ergab sich als ökonomische Konsequenz dieser außenpolitischen Beruhigung ein ausgeprägter Zins- und Dollarkursanstieg (vgl. Rohwer (1988) S. 150), der im nächsten Abschnitt aufgegriffen wird.

Tabelle 22: **Die Entwicklung der sonstigen stabilisierenden Einflußfaktoren**

Jahr	(Quart.)	Allgemeinpol. Ereignisse[a]	US-Kapitalmarktzins (nominal)[b]	Weltrohstoffpreise[c]	Lohnstückkosten (real)[c]	Privat. Verbrauch[d]	Ausrüstungsinvestitionen[d]
						(Var. gegenüber Vorquartal in %)	
1979	IV	Iran nimmt US-Geiseln; sowjet. Einmarsch in Afgh.		180,5	97,48	1,0	-0,5
1980	I		12,1	210,9	97,93	1,0	2,0
	II		10,1	224,2	99,94	-1,5	-1,5
	III	SPD/FDP-Koal. bestät.	11,2	231,5	100,51	1,5	1,5
	IV	Reagan neuer US-Präs.	11,5	237,1	100,94	-0,0	-1,5
1981	I		13,3	244,6	100,45	-0,5	-1,0
	II		13,9	240,0	101,06	-1,0	-2,5
	III	prekäre zunehmender	15,7	237,6	100,23	1,0	0,5
	VI	Lage in Dissens in-	13,7	240,5	99,14	0,0	-5,5
		Polen nerhalb der					
1982	I	sozial-libe-	13,9	235,0	99,22	-1,0	-1,0
	II	ralen Koal.	14,3	228,0	98,68	-0,5	-2,5
	III		12,3	225,8	98,87	-1,0	-0,0
	IV	Regierungswechsel (CDU/CSU/FDP-Koalition)	10,6	224,6	98,67	1,0	1,5
1983	I	Regierungskoalition wird bestätigt.					

a) Entnommen aus Tabelle 14 (Quellenangabe in der dortigen Fußnote).
b) Entnommen aus Tabelle 13 (nähere Erläuterung und Quellenangabe in der dortigen Fußnote).
c) Entnommen aus Tabelle 4 (nähere Erläuterung und Quellenangabe in der dortigen Fußnote).
d) Entnommen aus Tabelle 3 (dort auch nähere Erläuterungen).

len im Jahr 1981 nicht so schwerwiegend wie die vorangegangenen Krisen im Iran und in Afghanistan eingestuft wurden. Den innenpolitischen Schwerpunkt bildete dabei der im Lauf des Jahres 1982 zunehmende Dissens bezüglich des zukünftigen Kurses der Wirtschafts- und Finanzpolitik innerhalb der sozial-liberalen Koalition. Die Meinungsverschiedenheiten im Regierungslager traten erstmals auf dem Münchener SPD-Parteitag im April[200] offen zu Tage. So enthielten die dort gefaßten wirtschaftspolitischen Beschlüsse unter anderem Abgabenerhöhungen und ein Beschäftigungsprogramm. Diese fielen damit völlig konträr zu den eher marktwirtschaftlichen Vorstellungen der FDP aus. Auf diesen „groben Klotz" setzte bald darauf der damalige FDP-Wirtschaftsminister Lambsdorff einen „groben Keil", indem er in einem Thesenpapier deutliche Staatsausgabenkürzungen zur Sicherung des Konsolidierungskurses und Steuererleichterungen für private Investitionen forderte.

Demnach sind die Erwartungsimpulse allgemeinpolitischer Ereignisse auf den privaten Sektor dahingehend einzugrenzen, inwiefern die jeweils amtierende Regierung in der Lage war, ihren wirtschaftspolitischen Dissenz auszuräumen und damit die angesichts einer Rezession für den privaten Sektor unabdingbare wirtschaftspolitische Handlungsfähigkeit wiederzuerlangen. Da der wirtschaftspolitische Dissens im Regierungslager auch im Laufe des Sommers 1982 andauerte, dürfte dies den Wirtschaftssubjekten die wirtschaftspolitische Regierungsunfähigkeit der sozial-liberalen Koalition verdeutlicht und damit den Popularitätseinbruch des Kabinetts Schmidt beschleunigt haben[201]. Dies hat damit sicherlich auch zur Verschlechterung der Erwartungen bei den Konsumenten und insbesondere auch bei den privaten Investoren im dritten Quartal 1982 beigetragen. Dementsprechend wird im Herbstgutachten der Wirtschaftsforschungsinstitute festgestellt, daß divergierende Meinungen im Regierungslager bezüglich Ursachen und Therapie der Rezession die Erwartungen der Unternehmer stark belastet haben[202].

Im Umkehrschluß ist die Verbesserung der Erwartungen im vierten Quartal auch durch das Auseinanderbrechen der sozial-liberalen Koalition erklärbar; denn viele sahen in der gleichzeitigen Bildung einer neuen, christlich-liberalen Koalition zum 01.10. insofern die Wiedererlangung wirtschaftspolitischer Handlungsfähigkeit, als der eher marktwirtschaftliche Kurs der FDP von der CDU/CSU mitgetragen wurde. Eine nachträgliche Untermauerung eines solchen Zusammenhangs ist in der deutlichen Stimmungsverbesserung im ersten Quartal 1983 nach der Bestätigung der christlich-liberalen Koalition bei der Bundestags-

---

200 Vgl. hierzu wie auch zu den Lambsdorff-Thesen Scherf (1986), S. 59-60.

201 Dieser Einbruch ist nach einer ökonometrischen Untersuchung wesentlich auf die Beurteilung der allgemeinen Wirtschaftslage zurückzuführen; vgl. Kirchgässner (1986), S.384.

202 Vgl. Arbeitsgemeinschaft wirtschaftswissenschaftlicher Forschungsinstitute (1982), S. 537.

wahl Anfang März zu sehen, zumal diese von wirtschaftlichen Themen dominiert wurde. Diese Einschätzung wird auch dadurch gestützt, daß der Einbruch der Produktionstätigkeit im Februar 1983, der nach der konjunkturellen Umkehrbewegung im Dezember 1982 aus abwartendem Verhalten resultierte[203], in der Folgezeit rasch überwunden werden konnte.

Insgesamt ist damit der Wiedererlangung innenpolitischer Stabilität eine ähnliche Bedeutung für die Erwartungsverbesserung im privaten Sektor beizumessen wie dem finanzpolitischen Konsolidierungskurs. Allerdings kann man hieraus keine entsprechende Minderung des finanzpolitischen Beitrags ableiten, da die vorige Analyse auch gezeigt hat, daß sich zur damaligen Zeit die politisch induzierte Erwartungsverbesserung sehr stark auf ihren finanzpolitischen Bestandteil — der entschlossenen Weiterführung der Konsolidierungslinie — reduzieren läßt. Hierdurch wird gleichzeitig der erwartungsseitige finanzpolitische Beitrag nicht nur nicht relativiert, sondern sogar aufgewertet.

2. *Die Bedeutung des internationalen Zinsverbunds*

Zuvor sowie in der angebotsseitigen finanzpolitischen Analyse wurde dargelegt, daß der internationale Zinszusammenhang neben der Finanz- und der Geldpolitik als Einflußfaktor für die Entwicklung des Kapitalmarktzinses zu Beginn der achtziger Jahre anzusehen ist. Da bei der späteren Abwägung der finanz- und geldpolitischen Teilbeiträge vergleichsweise stärkere geldpolitische Impulse für die Kapitalmarktzinsentwicklung abgeleitet wurden, wird im folgenden geklärt, inwieweit die internationale Zinsentwicklung den geldpolitischen Beitrag zur Kapitalmarktentspannung[204] geschmälert hat.

Für die internationale Zinsentwicklung ist wegen der damals hohen weltwirtschaftlichen Bedeutung der amerikanischen Volkswirtschaft und den jeweiligen starken monetären Verflechtungen zu den USA das nominale US-Kapitalmarktzinsniveau der entscheidende Indikator. Verfolgt man dessen Entwicklung ab dem ersten Quartal 1980[205], lassen sich drei Phasen unterscheiden:

Phase 1 reicht bis zum dritten Quartal 1981 und ist gekennzeichnet durch einen Zinsanstieg. Dieser wurde verursacht durch die amerikanische Geldpolitik, die ab 1979 eine Inflationsbekämpfung nach monetaristischem Muster betrieb. Dieser Kurs wurde nach der Wahl Reagans zum US-Präsidenten im November 1980 bekräftigt.

---

203 Vgl. hierzu den Abschnitt B.I. des ersten Teils inklusive Tabelle 5.

204 Zu den genauen Daten vgl. hierzu wie auch im folgenden die Tabellen 18 und 21.

205 Vgl. die Einzelauflistung in Tabelle 22.

Phase 2 umfaßt das vierte Quartal 1981, in dem sich eine Zinsumkehr stabilisierte, und das erste Halbjahr 1982, in dem eine Stockung der eingeleiteten Zinssenkung eintrat. Phase 3 erstreckt sich auf das zweite Halbjahr 1982, in dem sich die Zinssenkung durchsetzte.

Stellt man diesen Phasenverlauf den Ergebnissen der angebotsseitigen geldpolitischen Analysen gegenüber[206], ergeben sich folgende Schlußfolgerungen:

In *Phase 1* konnte ein geldpolitischer Einfluß auf die Entwicklung der deutschen Kapitalmarktzinsen (inklusive der Zinsumkehr im August 1981) nicht nachgewiesen werden. In Anbetracht der annähernd parallelen US-Zinsentwicklung[207] ließe sich hieraus auf die Wirksamkeit des internationalen Zinszusammenhangs rückschließen. Diese Konsequenz wird dadurch gestützt, daß in Phase 1 die Rahmenbedingungen für eine Lockerung des Zinsverbunds ungünstig waren. Insbesondere gab es kaum Anreize für zusätzliche Kapitalimporte in die Bundesrepublik, die die Kapitalabflüsse vornehmlich in die USA hätten kompensieren und damit den Zinsverbund abschwächen können. Die in dieser Phase mangelnde Attraktivität der Bundesrepublik für den internationalen Kapitalanleger[208] beruhte vor allem auf den folgenden Faktoren:

Zunächst bestanden für die D-Mark keine Aufwertungserwartungen[209], da die Leistungsbilanz defizitär war und die Inflationsrate zunahm[210]. Des weiteren dürften sich die Zinserwartungen kaum verändert haben, da der inflationsbedingte Zinssteigerungsimpuls durch die Konsolidierung der öffentlichen Haushalte und die dadurch reduzierten Zinssenkungserwartungen wohl kompensiert wurde. Schließlich ist auch von einer konstanten Präferenz für die D-Mark auszugehen. So stand dem positiven Effekt des Konsolidierungskurses die zunehmende innenpolitische Labilität gegenüber..

In *Phase 2* war mit Einschränkungen ein geldpolitischer Einfluß auf die weitere Senkung des Kapitalmarktzinses nachgewiesen worden. Da im vierten Quartal 1981 die US-Kapitalmarktzinsen ebenfalls sanken, ist für diesen ersten Teil-

---

[206] Vgl. hierzu wie auch im folgenden die Abschnitte C.II.3. bzw. C.III.3. des zweiten Teils.

[207] Den Monatswerten zufolge erfolgte die dortige Zinsumkehr im September 1981 (Quelle: OECD, Main Economic Indicators, Januar 1982, S. 87).

[208] Zu den Bestimmungsgründen der internationalen Kapitalbewegungen vgl. Übersicht 2; die dort ebenfalls aufgeführten Informations- und Transaktionskosten bzw. institutionelle Beschränkungen werden wegen der zunehmenden Vervollkommnung der monetären Märkte insbesondere auch zwischen der Bundesrepublik und den Vereinigten Staaten nicht weiterverfolgt; auf den Faktor Risikobereitschaft wird im Rahmen einer solchen makroökonomischen Analyse ebenfalls nicht eingegangen.

[209] Dieser Faktor wird an erster Stelle angeführt, da ihm theoretisch die entscheidende Bedeutung zukommt; so entspricht nach der Zinsparitätentheorie bei flexiblen Wechselkursen und vollständiger Integration der Kapitalmärkte die Zinsdifferenz zwischen dem In- und Ausland der erwarteten prozentualen Veränderung des Wechselkurses (vgl. Sherman u.a. (1986), S. 22).

[210] Zu den monetär relevanten wirtschaftlichen Eckdaten der damaligen Jahre vgl. hierzu wie auch im folgenden Tabelle 15 bzw. Tabelle 4 (Spalte 5).

Übersicht 2: Bestimmungsgründe der internationalen Kapitalbewegungen

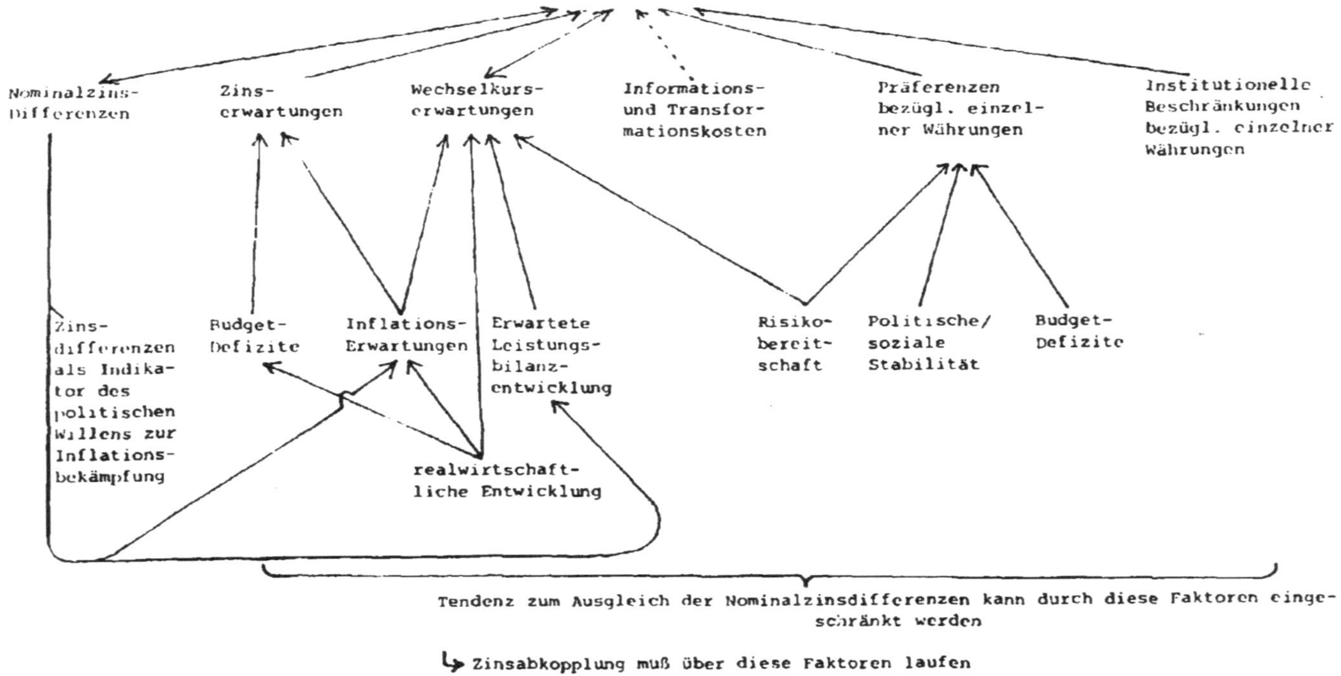

Quelle: Leibinger/Rohwer (1985), S. 66.

abschnitt von Phase 2 von einem gleichzeitigen Einfluß des internationalen Zinsverbunds auszugehen. Diese Einschätzung wird auch durch eine Abschwächung der Verbundstärke nicht relativiert, die sich dadurch ergab, daß die Aktivierung der Leistungsbilanz zu Aufwertungserwartungen für die D-Mark geführt haben dürfte.

Im ersten Halbjahr 1982 als zweitem Teilabschnitt von Phase 2 hat sich der Einfluß des internationalen Zinszusammenhangs abgeschwächt. Dies lag zum einen daran, daß die Senkung des amerikanischen Kapitalmarktzinsniveaus durch eine Stagnationsphase unterbrochen wurde. Zum anderen verminderte sich die Stärke des Zinsverbunds weiterhin. So wurde zwar die Präferenz für die D-Mark durch einen fraglich werdenden Konsolidierungskurs und verschärfte innenpolitische Spannungen beeinträchtigt. Dies dürfte aber überkompensiert worden sein durch verstärkte Aufwertungserwartungen in die D-Mark, da sich der positive Leistungsbilanzsaldo als stabil erwies und sich die inländische Inflation verlangsamte.

In *Phase 3*, dem zweiter Halbjahr 1982, war ein uneingeschränkter Einfluß der Geldpolitik auf die Kapitalmarktzinssenkung abgeleitet worden. Trotz nun wieder deutlicher sinkender US-Zinsen läßt sich hieraus auf eine entsprechend schwache Weitergabe der US-Zinssenkungsimpulse rückschließen. Dies wird dadurch bekräftigt, daß sich die Tendenz einer abnehmenden Verbundstärke fortsetzte. Hierbei ist die erhöhte Präferenz für die D-Mark im vierten Quartal 1982 hervorzuheben, da in diesem Zeitabschnitt durch die politische „Wende" nicht nur der Konsolidierungskurs bekräftigt, sondern auch die innenpolitische Lage stabilisiert wurde.

Insgesamt läßt sich damit der Beitrag der Geldpolitik und des internationalen Zinszusammenhangs an der Senkung des deutschen Kapitalmarktzinsniveaus folgendermaßen gegeneinander abgrenzen[211]:

Bis zum dritten Quartal 1981 dominiert der Einfluß des internationalen Zinsverbunds eindeutig. Innerhalb des vierten Quartals 1981 und des ersten Halbjahres 1982 werden die internationalen Zinssenkungsimpulse zunehmend schwächer, die geldpolitischen Impulse gewinnen dementsprechend an Bedeutung. Im zweiten Halbjahr wird dieser Trend insofern fortgeführt, als nun der geldpolitische Einfluß dominiert.

Damit konnte diese Analyse den fehlenden bzw. eingeschränkten Beitrag der Geldpolitik an der Kapitalmarktzinssenkung für die Phase 1 bzw. Phase 2 bestätigen und mit der Wirksamkeit des internationalen Zinszusammenhangs zusätzlich erklären. Allerdings wäre zur Entlastung der Geldpolitik anzuführen[212], daß diese zumindest im vierten Quartal 1981 nur wenig Spielraum für weitere Zins-

---

[211] Zu einer weitgehend ähnlichen Einschätzung gelangt auch Jander (1986), S. 141-148.

[212] Vgl. hierzu auch Sachverständigenrat (1982), Tz. 149.

erleichterungen hatte, da davon induzierte Kapitalabflüsse die D-Mark-Schwäche verstärkt und damit den internationalen Zinsverbund bekräftigt hätten. Dieses Beispiel verdeutlicht auch das Wechselspiel zwischen dem Einfluß der Geldpolitik und des internationalen Zinszusammenhangs auf das deutsche Kapitalmarktzinsniveau.

III. Die Relativierung des finanz- und geldpolitischen Beitrages

1. Die Bedeutung der sonstigen exogenen Impulse

Die soeben erörterten stabilisierenden exogenen Impulse haben den jeweiligen finanz- und geldpolitischen Beitrag präzisiert. Dieser soll demgegenüber mit der folgenden Analyse der sonstigen exogenen Impulse — wie auch der späteren Erörterung der endogenen Impulse — relativiert werden. Als exogene Relativierungsfaktoren wurden zuvor[213] die Abschwächung des zweiten Ölpreis-Schocks von 1979/80 und der moderatere Kurs der Lohnpolitik abgeleitet.

Analysiert man zunächst die Entwicklung der Weltrohstoffpreise[214], stellt man fest, daß diese sich nach der Zunahme im Jahr 1980, die vor allem durch die im Zuge des Ölpreis-Schocks 1979/80 erhebliche Verteuerung der Energierohstoffe verursacht wurde, im folgenden Jahr auf hohem Niveau stabilisierten und im Jahr 1982 leicht abnahmen. Trotz der moderaten Abnahme im Laufe des Jahres 1982 dürften hiervon konjunkturstabilisierende Wirkungen ausgegangen sein. Diese Aussage wird vor allem in der Hinsicht gestützt, daß die destabilisierenden Nebenwirkungen, die in der vorangegangenen Steigerungsphase aufgetreten sind, anschließend relativiert wurden. Zu diesen zählen vor allem die Verschlechterung der terms of trade, die ihrerseits zum Abbau von Leistungsbilanzüberschüssen bzw. zu Leistungsbilanzdefiziten führen, die Abwertung der Währung und die Beschleunigung der Inflation[215]. Das Auftreten und die Abschwächung solcher destabilisierender Nebenwirkungen läßt sich für den Zeitraum zwischen 1979 und 1982 empirisch bestätigen:

Während des 1979 einsetzenden und bis Ende 1980 andauernden deutlichen Anstiegs der Weltrohstoffpreise war — wie die Analyse der gesamtwirtschaftlichen Rahmenbedingungen im ersten Teil ergeben hatte[216] — eine starke Passivierung der Leistungsbilanz, ein sinkender Außenwert der D-Mark und eine In-

---

213 Vgl. hierzu den Abschnitt E.I.2. des zweiten Teils.

214 Vgl. die Einzelauflistung in Tabelle 22.

215 Vgl. Siebert (1986), S. 203 sowie Deutsche Bundesbank (Hrsg; 1981).

216 Vgl. hierzu die entsprechenden Passagen in den Abschnitten A.I. bzw. A.II. inklusive Tabelle 4 (die Daten zur Inflationsrate sind in Tabelle 15 aufgelistet).

flationsbeschleunigung zu beobachten. Dem entgegengesetzt kam es während der Stabilisierung bzw. Abflachung der Weltrohstoffpreise in den Jahren 1981 bzw. 1982 zu einer Aktivierung der Leistungsbilanz, einer stärkeren Notierung der D-Mark und einer Beendigung des Inflationsauftriebs. All diese stabilisierenden Nebenwirkungen haben dabei gleichzeitig die Spielräume der Geldpolitik für eine stärker binnenwirtschaftliche Orientierung erweitert.

Analysiert man schließlich die Entwicklung der realen Lohnstückkosten[217], ist ein durch die damalige Tarifrunde ausgelöster deutlicher Anstieg im zweiten Quartal 1980 zu erkennen. Dieser führte ein Jahr später zu einem relativen Maximum. Anschließend begannen die realen Lohnstückkosten wieder zu sinken, wobei Ende 1982 das zu Beginn der achtziger Jahre herrschende Niveau erreicht wurde. Kostenseitig quantifizierbar ist dieser Verlauf beispielsweise mit der Veränderung der vom Sachverständigenrat zur Begutachtung der gesamtwirtschaftlichen Entwicklung entwickelten Reallohnposition[218], da diese ein Maß für den Einfluß der Lohnentwicklung auf die Erlös-Kosten-Relation im Unternehmensbereich darstellt. So erhöhte sich diese im Jahr 1980 (im Vergleich zum Vorjahr) um 2,5 %, blieb 1981 unverändert und sank 1982 um 1,6 %. Dies bedeutet, daß im Jahr 1982 die Löhne und Gehälter dementsprechend langsamer gestiegen sind als die um sonstige Kosten (ohne Zinskosten) bereinigten Unternehmenserlöse.

Diese kostenseitige Entlastung für den Unternehmensbereich ist als konjunkturstabilisierend zu bewerten, zumal hiervon auch inflationsverlangsamende Effekte ausgegangen sein dürften. Diese Einschätzung wird durch eine Untersuchung nicht monetärer Inflationskomponenten für die Bundesrepublik Deutschland gestützt, da diese der Anbieterinflation mit der Lohnbewegung relativ zur langfristigen Produktivitätsentwicklung als wichtigstem Einzelfaktor die größte Bedeutung beimißt[219].

2. *Die Bedeutung der endogenen Schwankungsdynamik*

Abschließend soll geklärt werden, inwieweit die schwingungsimmanenten Kräfte die konjunkturelle Umkehrbewegung begünstigt haben. Daß solche endogene Faktoren wirksam sind, ist insofern begründbar, als die bisher beobachtbaren Konjunkturschwankungen ein gleichförmiges Schwingungsmuster aufwiesen; wäre dies ausschließlich exogen determiniert gewesen, hätte dies deshalb re-

[217] Vgl. die Einzelauflistung in Tabelle 22 sowie die entsprechenden Passagen der Abschnitte A.I. bzw. A.II. des ersten Teils.

[218] Vgl. hierzu Sachverständigenrat (1985), Tz. 53 ff. inklusive Tabelle 6, die die weiter unten angeführten Daten enthält, und den Anhang VI.B.

[219] Vgl. Menkhoff (1986), S. 179.

gelmäßige exogene Impulse vorausgesetzt, was sehr unwahrscheinlich ist[220]. Zuvor[221] wurden derartige Faktoren dabei mit der Existenz unterer Schranken verknüpft. Dementsprechend wäre zunächst zu untersuchen, inwieweit die damalige ökonomische Ausgangslage einem unteren Plafond entsprach. Bei positivem Befund wären dann Indizien für endogene Verhaltensmuster bei den relevanten makroökonomischen Aggregaten zu suchen.

Für das Vorliegen einer ökonomischen Untergrenze im Vorstadium des Aufschwungs gibt es eindeutige Belege:

So ist zunächst *quantitativ* die Rezession 1981/82 in ihrer Schwere mit den nach dem zweiten Weltkrieg tiefsten Konjunktureinbrüchen 1966/67 bzw. 1974/75 vergleichbar. Dies ist belegbar mit der Abnahme des realen Bruttosozialprodukts, die im Jahr 1967 0,1 %, 1975 1,4 % und 1982 1,0 % betrug[222].

Darüber hinaus ist *zeitlich* im Hinblick auf die beiden aufschwungsrelevanten makroökonomischen Aggregate festzustellen, daß diese — abgesehen von einem parallelen leichten Anstieg im dritten Quartal 1981 — innerhalb einer ca. zwei Jahre (!) währenden Periode real abnahmen[223].

Darüber hinaus ergeben sich aus der Struktur der relevanten makroökonomischen Aggregate im Jahr 1982 deutliche Anhaltspunkte für endogen induzierte Aktivitäten:

So verschoben sich die Anteile der Investitionsziele im Jahr 1982 (im Vergleich zu 1980)[224] bei der

— Ersatzbeschaffung von 25 auf 30 %

— Rationalisierung von 36 auf 44 %

— Kapazitätserweiterung von 39 auf 26 %,

wobei die Anteile für die ersten beiden Komponenten seit 1969 und damit in langfristiger Perspektive relative Maximalwerte darstellen[225]. Demnach standen im Jahr 1982 mit kapitalstockerhaltenden Aktivitäten und der Aufstockung von Rationalisierungsinvestitionen zwei Investitionsteilbereiche im Vordergrund, die zuvor als endogene Elemente der Investitionstätigkeit identifiziert worden waren.

An gleicher Stelle waren der Mindest-Lebensstandard und der konsumtive Ersatzbedarf als endogene Komponenten des privaten Verbrauchs angeführt worden. Der erste Aspekt ist angesichts des hohen Reifegrads der deutschen Volkswirtschaft mit entsprechendem Wohlstand für breite Schichten vernachlässigbar.

---

220 Vgl. Rohwer (1988), S. 149.

221 Vgl. hierzu wie auch im folgenden den Abschnitt E.I.2. des zweiten Teils.

222 Quelle: ifo Spiegel der Wirtschaft 1987/88, A 2.

223 Vgl. hierzu die Einzelauflistung in Tabelle 22.

224 Vgl. Apeloig/Gerstenberger (1983), S. 10 (Tabelle 6).

225 Vgl. Neumann (1981), S. 13 (Abbildung 3).

Demnach steht im folgenden die Ersatzbeschaffung von Konsumgütern im Vordergrund, bei denen es sich angesichts des Nachholbedarfs um langlebige Verbrauchs-, das heißt Gebrauchsgüter, handeln muß. Dabei war bei den wesentlichen Gebrauchsgütern tatsächlich ein Nachfragezuwachs feststellbar. So erreichte die Inlandsnachfrage für Personenkraftwagen Mitte 1982 einen Tiefpunkt[226], der mit dem deutlichen Anstieg der Neuzulassungen gegen Jahresende überwunden wurde[227]. Außerdem war bei den Käufen der sonstigen Gebrauchsgüter der Trend im Laufe des zweiten Halbjahres 1982 eindeutig nach oben gerichtet[228], wobei in erster Linie Möbel und andere Einrichtungsgegenstände stärker nachgefragt wurden[229]. Diese Entwicklung dürfte zwar auch durch ein zum Teil attraktiveres Produktangebot und die Vorweihnachtszeit beeinflußt worden sein, jedoch ist die Ersatzbeschaffung als wesentlicher Auslöser eindeutig. Für diesen Zusammenhang spricht auch, daß sich viele Konsumenten angesichts ihres Wohlstandsniveaus das Aufschieben derartiger Kaufentscheidungen erlauben können[230].

Insgesamt sind damit auf der Basis eines unteren Plafonds endogen induzierte Belebungen bei den relevanten makroökonomischen Aggregaten deutlich erkennbar.

IV. Fazit: Konsequenzen für den finanz- und geldpolitischen Beitrag

Die Erörterung der Bedeutung der sonstigen stabilisierenden Einflußfaktoren für den Konjunkturaufschwung 1982/83 hat nicht nur den finanz- und geldpolitischen Beitrag relativiert bzw. angebots- und erwartungsseitig präzisiert, sondern auch zusätzliche Erkenntnisse hinsichtlich der Belebung des privaten Konsums erbracht:

Zunächst wurde im Rahmen der Analyse der innenpolitischen Stabilisierung der erwartungsseitige finanzpolitische Beitrag aufgewertet, da sich das allgemeinpolitische Interesse der Wirtschaftssubjekte sehr stark auf die Finanzpolitik konzentrierte. Hinsichtlich des angebotsseitigen geldpolitischen Beitrags wurde in der Analyse des internationalen Zinszusammenhangs abgeleitet, daß bis zur Jahresmitte 1982 die Senkung des deutschen Kapitalmarktzinsniveaus stärker durch die internationalen Zinssenkungsimpulse — wenn auch mit abnehmender Tendenz — als durch die geldpolitischen Impulse bestimmt wurde; dieses Ergeb-

226 Vgl. Hild (1982), S. 5.

227 Quelle: ifo Spiegel der Wirtschaft 1987/88, L4.

228 Ebenda.

229 Vgl. Geschäftsbericht der Deutschen Bundesbank für das Jahr 1983, S. 7-8.

230 Vgl. Sachverständigenrat (1983), Tz. 70.

nis kann als Erklärung für den fehlenden bzw. eingeschränkten Einfluß der Geldpolitik an der Kapitalmarktzinssenkung bis zur Mitte des Jahres 1982 herangezogen werden.

Des weiteren konnte nachgewiesen werden, daß die *exogenen* Impulse einer Abflachung des Anstiegs der Weltrohstoffpreise und einer moderateren Lohnpolitik die Angebotsbedingungen verbessert und damit — angesichts der Angebotsstörungen in der Ausgangslage — konjunkturstabilisierend gewirkt haben. Dementsprechend relativieren sie die angebotsseitigen Beiträge der Geld- und der Finanzpolitik. Hierdurch verliert der unter diesem Aspekt schon geringe finanzpolitische Beitrag weiter an Bedeutung, so daß etwa der angebotsseitige Beitrag der Lohnpolitik im Vergleich zur Finanzpolitik höher zu bewerten ist[231]. Auch aus *endogener* Sicht relativierte sich der finanz- und geldpolitische Beitrag, da sich auf der Basis eines unteren Plafonds Indizien für endogen induzierte Belebungen der relevanten makroökonomischen Aggregate ergaben.

Schließlich liefern diese Teilanalysen auch zusätzliche Erklärungen für die Belebung des privaten Konsums. So ist die Senkung der Weltrohstoffpreise auch verbrauchsrelevant, da die privaten Haushalte durch sinkende Preise für Kraftstoffe und Heizöl merklich entlastet worden sind[232]. Außerdem sind die Indizien für eine endogen induzierte Belebung des privaten Konsums deutlich erkennbar.

---

[231] Vgl. Sievert (1984), S. 398.

[232] Vgl. Arbeitsgemeinschaft deutscher wirtschaftswissenschaftlicher Forschungsinstitute (1983), S. 247.

Zusammenfassung und Ausblick

Der im Dezember 1982 einsetzende Konjunkturaufschwung wurde initiiert von einer zeitgleichen Belebung des privaten Konsums und der Ausrüstungsinvestitionen. Beide makroökonomischen Aggregate entwickelten sich dabei im weiteren Verlauf im Vergleich zu früheren Aufschwüngen mit einer geringeren Dynamik weiter. Zu diesem Konjunkturaufschwung leistete die Finanz- und die Geldpolitik den folgenden Beitrag:

Die Finanzpolitik hat im wesentlichen durch den ab dem dritten Quartal 1981 erkennbaren Konsolidierungskurs des Bundes die Erwartungen von Investoren und Konsumenten verbessert. Diese Konsolidierunspolitik des Bundes wurde durch die ein Jahr früher beginnende Konsolidierung der Länderhaushalte und die zeitgleiche, dafür aber mit einem höheren Tempo verfolgte Konsolidierung der Gemeindehaushalte unterstützt; jedoch gingen von der Finanzpolitik des Bundes die größten Erwartungsimpulse aus, da der private Sektor diese hauptsächlich verfolgt. Vor dem dritten Quartal 1981 dürfte sich die mangelnde Bereitschaft des Bundes zur Haushaltskonsolidierung nachteilig auf das Geschäfts- und Konsumklima ausgewirkt haben. Später war immer dann eine Verbesserung der Zukunfseinschätzung der privaten Wirtschaftssubjekte zu verzeichnen, wenn der Bund die eingeschlagene Konsolidierungsstrategie bekräftigt hat. Diese positive Wirkung der Konsolidierungsmaßnahmen wurde durch einige expansiv ausgestaltete und damit potentiell konsolidierungsgefährdende Einzelmaßnahmen des Bundes nicht relativiert, da diese oft durch die Integration in Konsolidierungsbeschlüsse nur schwer als expansive Elemente identifizierbar waren und zum Teil auch eine geringe fiskalische Bedeutung hatten.

Im Laufe des Jahres 1982 gingen nach dem Regierungswechsel auch von der deutlichen Verbesserung der innenpolitischen Stabilität vergleichbar positive Erwartungsimpulse auf den privaten Sektor aus. Hierdurch wird der finanzpolitische Beitrag zur Erwartungsverbesserung im privaten Sektor jedoch nicht gemindert, sondern eher aufgewertet; denn die damaligen innenpolitischen Diskussionen lassen sich insofern in erster Linie auf die finanzpolitische Neuorientierung reduzieren, als die sozial-liberale Koalition insbesondere an Auffassungsunterschieden über die Fortsetzung der Haushaltskonsolidierung zerbrochen ist und die folgende christlich-liberale Koalition diesen Kurs energisch fortgesetzt hat.

Während die finanzpolitisch induzierte Erwartungsverbesserung bei Investoren und Konsumenten im wesentlichen noch vor dem auf Ende 1982 zu datierenden Konjunkturumbruch auftrat, hat der Hauptteil des konsolidierungsbedingten Nachfrageentzugs erst den weiteren Verlauf des Aufschwungs im Jahr 1983 beeinflußt. Diese Zeitverzögerung der restriktiven Nachfragewirkungen beruhte auf einer Verlangsamung des Konsolidierungstempos zwischen Mitte 1981 und Ende 1982, wobei die restriktiven ausgabeseitigen Impulse durch die Kreditfinanzierung konjunkturbedingter Steuermindereinnahmen sowie die überwiegend einnahmeseitig ausgestalteten konjunkturstimulierenden Maßnahmen kompensiert wurden. Dementsprechend hat der finanzpolitische Nachfrageentzug die konjunkturelle Umkehrbewegung kaum beeinträchtigt, allerdings zur schwachen Verlaufsdynamik des Aufschwungs beigetragen.

Die erst mit einer zeitlichen Verzögerung eintretenden restriktiven Nachfragewirkungen haben zwar die positiven konsolidierungsbedingten Erwartungsimpulse nicht beeinträchtigt, da für die privaten Wirschaftssubjekte wohl vorrangig die Ankündigung und erst in zweiter Linie die spätere Umsetzung von Konsolidierungsmaßnahmen ausschlaggebend gewesen ist. Dagegen wurde der eigentlich zu erwartende angebotsseitige Zinssenkungsimpuls beeinträchtigt, da von der im Jahr 1982 noch langsamen Reduzierung der öffentlichen Defizite eher geringe kapitalmartkentlastende und damit zinssenkende Effekte ausgegangen sind.

Der Beitrag der Geldpolitik ist demgegenüber in erster Linie in der Senkung des Kapitalmarktzinsniveaus zu sehen, die sich im Zuge der ab Herbst 1981 vorgenommenen vorsichtigen Lockerung des Restriktionskurses der Bundesbank ergab. Diese hat ab dem vierten Quartal durch die konkrete Ausgestaltung ihres liquiditäts- und zinspolitischen Instrumentariums wesentlich zur Senkung der Geldmarktzinsen beigetragen; mittelbar hat sie damit auch die Kapitalmarktzinsen beeinflußt, da im Beobachtungszeitraum eine prinzipielle Geldmarktabhängigkeit des deutschen Kapitalmarkts feststellbar war. Allerdings wurden die geldpolitischen Impulse erst ab Juli 1982 uneingeschränkt auf den Kapitalmarkt weitergegeben, da die Geldmarktabhängigkeit des deutschen Kapitalmarkts durch die bis Juli 1982 beobachtbare inverse Zinsstruktur abgeschwächt war. In einer Phase, in der das Geldmarktzins- über dem Kapitalmarktzinsniveau liegt, besteht für die Geschäftsbanken kein Anreiz, zusätzliche Primärliquidität in mittel- bis langfristigen Titeln anzulegen. Daneben stand bis Mitte 1982 die Senkung des deutschen Kapitalmarktzinsniveaus gleichzeitig unter dem Einfluß der sinkenden US-Kapitalmarktzinsen, da bis dahin ein starker Verbund zwischen dem amerikanischen und dem deutschen Kapitalmarktzinsniveau zu verzeichnen war. Dieser schwächte sich jedoch im Laufe des Jahres 1982 in dem Maße ab, in dem die Attraktivität der Bundesrepublik für den internationalen Kapitalanleger wieder zunahm.

Mit ihren liquiditätspolitischen Maßnahmen hat die Geldpolitik im Laufe des Jahres 1982 zwar nur für eine leicht über den nominalen Anstieg des gesamtwirtschaftlichen Produktionspotentials hinausgehende Geldversorgung gesorgt. Dieses zusätzliche Ausmaß war aber für die konjunkturelle Umkehrbewegung Ende 1982 ausreichend; denn der Bedarf an zusätzlicher Geldversorgung war unter anderem deshalb gering, weil der Konjunkturaufschwung nur zwei makroökonomische Aggregate umfaßte, deren Dynamik zudem anfangs recht gering war. Die Aussschüttung des Bundesbankgewinns in Höhe von 10,5 Mrd. DM Ende April 1982 war für die zusätzliche Geldversorgung ohne nennenswerte Bedeutung, da es der Bundesbank gelungen ist, den starken Liquiditätszufluß durch die Nichterneuerung von Wertpapierpensionsgeschäften zu kompensieren.

Der geldpolitische Kurs der Bundesbank hat im Jahr 1982 auch die Stabilisierung und Verbesserung der Erwartungen im privaten Sektor gefördert, jedoch ist der zuvor skizzierte finanzpolitische Beitrag deutlich höher zu gewichten. Dies ist insbesondere auch darauf zurückzuführen, daß die Lockerung des Restriktionskurses der Bundesbank ab Herbst 1981 von den Wirtschaftssubjekten nicht — wie die Einleitung des Konsolidierungskurses der Finanzpolitik — als stabilitätspolitischer Kurswechsel aufgefaßt wurde. Nach Einschätzung der Wirtschaftssubjekte hat die Bundesbank stets einen eindeutigen und klaren Kurs zur Erhaltung der Preisniveau- und Wechselkursstabilität verfolgt. Neue geldpolitische Maßnahmen lösen daher in der Regel keine starken Erwartungsimpulse aus. Demgegenüber wurde die Finanzpolitik bis Herbst 1981 von den Wirtschaftssubjekten dahingehend interpretiert, daß der Bund den finanzpolitischen Handlungsspielraum verloren hat und auch kein schuldenpolitisches Konzept erkennbar war. Demzufolge sind die positiven Erwartungsimpulse, die von der Ankündigung einer finanzpolitischen Konsolidierungsstrategie hervorgerufen sind, höher einzuschätzen als die Erwartungsimpulse, die von der Fortsetzung eines stabilitätsorientierten geldpolitischen Kurses herrühren. Umgekehrt hat die Geldpolitik im Gegensatz zur Finanzpolitik nicht dazu beigetragen, daß der weitere Aufschwung relativ zögernd verlief; denn der geldpolitische Kurs wurde auch zu Beginn des Jahres 1983 zunächst weiterhin gelockert.

Im Hinblick auf die makroökonomischen Aggregate wurden sowohl von der Finanz- wie auch von der Geldpolitik die Ausrüstungsinvestitionen vergleichsweise stärker als der private Konsum gefördert. Dies ist zum einen darin begründet, daß Investoren über wirtschaftspolitische Vorgänge besser informiert sind als Konsumenten und daher auch sensibler auf wirtschaftspolitische — und hier insbesondere den finanzpolitischen — Kurswechsel reagieren; zum anderen kann bei der insbesondere von der Geldpolitik beeinflußten Senkung der Kapitalmarktzinsen die Zinselastizität der privaten Investitionen im Vergleich zum privaten Verbrauch höher veranschlagt werden. Die stärkere Reaktion der Ausrüstungsinvestitionen auf die finanzpolitischen Maßnahmen ist auf die gewollte Ausgestaltung der eingesetzten finanzpolitischen Instrumente zurückzuführen. Zu erwähnen ist dabei insbesondere die überwiegend nachfragedämpfende Ausrichtung der konsumrelevanten und die ausschließlich expansive Ausrichtung der investitionsrelevanten Maßnahmen des Bundes.

Diese Feststellungen über den Beitrag der Finanz- und Geldpolitik zum Konjunkturaufschwung Ende 1982 sind insoweit zu relativieren, als der Aufschwung auch von Faktoren begüngstigt wurde, die weder finanz- noch geldpolitisch beeinflußbar sind. Zu diesen zählt die Abflachung der Weltrohstoffpreise im Jahr 1982, was nicht nur die Angebotsbedingungen verbessert, sondern auch die Aktivierung der Leistungsbilanz, eine stärkere Notierung der D-Mark und eine Beendigung des Inflationsauftriebs begünstigt hat; dadurch wurden gleichzeitig die Spielräume für eine stärker binnenwirtschaftlich orientierte und damit zinssenkende Geldpolitik erweitert. Eine zusätzliche Verbesserung der Angebotsbedingungen ging auch von einer Senkung der realen Lohnstückkosten im Jahr 1982 im Zuge einer im Vergleich zu den Vorjahren moderateren Lohnpolitik aus, die nicht nur den Unternehmensbereich kostenseitig entlastet, sondern auch zu einer Inflationsverlangsamung beigetragen haben dürfte.

Weitere Einschränkungen des der Finanz- und Geldpolitik zuzurechnenden Beitrags ergeben sich dadurch, daß aus der Struktur der Ausrüstungsinvestitionen und des privaten Konsums deutliche Anhaltspunkte für eine endogen induzierte Belebung dieser makroökonomischen Aggregate ableitbar sind. Dabei standen im Jahr 1982 bei den Ausrüstungsinvestitionen mit der Ersatzbeschaffung und der Rationalisierung zwei endogene Investitionsziele im Vordergrund. Auch beim privaten Verbrauch war bei der Analyse der Ersatzbeschaffung als endogener Konsumkomponente eine Zunahme bei den wesentlichen Gebrauchsgütern feststellbar. Mit diesem endogenen Einfluß auf die Verbrauchsausgaben läßt sich — neben den sinkenden Preisen für Kraftstoffe und Heizöl im Sog abflachender Rohstoffpreise — auch die Belebung des privaten Konsums begründen, die im Rahmen der finanz- und geldpolitischen Wirkungsanalyse nicht ausreichend genug erklärt werden konnte.

Auch wenn im Jahr 1982 angebotsseitige Störungen noch dominierten und im privaten Sektor noch negative Erwartungen vorherrschten, ist dem erwartungsseitigen Beitrag der Finanzpolitik und dem angebotsseitigen Beitrag der Geldpolitik — trotz der dargestellten Relativierungen — eine wichtige Bedeutung für den Konjunkturaufschwung 1982/83 beizumessen.

In genereller Sicht kann man in diesem Untersuchungsergebnis eine Bestätigung dafür sehen, daß wirtschaftspolitische Impulse auf die wirtschaftliche Aktivität stets vor dem Hintergrund der jeweiligen Struktur der gesamtwirtschaftlichen Rahmenbedingungen beurteilt werden müssen. Es kann demnach insbesondere auch für die Finanzpolitik keine allgemeingültige Strategie etwa im Sinne einer stets angebots- oder nachfrageorientierten Ausrichtung geben. Diese Einschätzung läßt sich auch anhand der weiteren wirtschaftlichen Entwicklung nach dem Konjunkturaufschwung 1982/83 und der ergriffenen wirtschaftspolitischen Maßnahmen verdeutlichen:

Ab 1983 war eine beinahe zehn Jahre andauernde wirtschaftliche Aufwärtsentwicklung zu beobachten, die auch nach der deutschen Vereinigung im Herbst

1990 in den alten Ländern noch anhielt und durch den schwierigen Umstrukturierungsprozeß von einer Zentralverwaltungswirtschaft in eine Soziale Marktwirtschaft in den neuen Ländern zunächst nicht beeinträchtigt wurde. Zu dieser anhaltend positiven Wirtschaftsentwicklung hat sicherlich neben einer weiterhin stabilitätsorientierten Geldpolitik die Finanzpolitik beigetragen; denn diese hat in den achtziger Jahren durch eine angebotsorientierte Konsolidierungs- und Steuersenkungspolitik dem privaten Sektor wieder mehr Freiräume verschafft und durch das Setzen mittelfristiger Rahmendaten die Erwartungen der privaten Wirtschaftssubjekte verstetigt. In den Jahren 1991 und 1992 erhielt die westdeutsche Konjunktur darüber hinaus sehr starke, allerdings prozyklische Impulse durch den zum großen Teil kreditfinanzierten Ressourcentransfer in die neuen Länder, der zur Beschleunigung und sozialen Flankierung des dortigen Umstrukturierungsprozesses gewährt wurde und weiterhin gewährt wird.

Ab dem zweiten Quartal 1992 setzte in den alten Ländern eine starke konjunkturelle Abschwächung ein. Sie beruhte sowohl auf angebotsseitigen Faktoren — wie etwa einer zu expansiven Lohnpolitik in den Jahren 1991 und 1992 — als auch auf Nachfrageschwächen — zum Beispiel im Gefolge der deutlichen Abschwächung der weltwirtschaftlichen Entwicklung. Gleichzeitig setzte sich ein tiefgreifender Erwartungspessimismus im privaten Sektor durch. Er wurde insbesondere durch die Besorgnis der Wirtschaftssubjekte über die Höhe der einigungsbedingten öffentlichen Defizite, die Unsicherheit über die zukünftigen einigungsbedingten Belastungen und der generellen Skepsis an der Leistungsfähigkeit des politischen Systems genährt.

Vor dem Hintergrund der Ergebnisse der Untersuchung wäre dazu anzumerken, daß die Finanzpolitik dieser Struktur der gesamtwirtschaftlichen Rahmenbedingungen in den alten Ländern — neben einer ständigen Effizienzüberprüfung ihrer Maßnahmen zur Beschleunigung des Umstrukturierungsprozesses in den neuen Ländern — Rechnung tragen muß: Sie sollte nachfrageseitig durch die Kreditfinanzierung konjunkturbedingter Steuermindereinnahmen und Mehrausgaben kurzfristig automatisch stabilisierend wirken, dabei jedoch gleichzeitig eine überzeugende mittelfristige Strategie zur Konsolidierung der öffentlichen Defizite entwickeln, um die Glaubwürdigkeit einer Bewältigung der einigungsbedingten Belastungen zu erhöhen und damit die Erwartungen im privaten Sektor zu verbessern. Die Konsolidierung sollte sich angesichts der steigenden Steuer- und Abgabenbelastungen in erster Linie auf Ausgabereduktionen stützen. Dieses Anforderungsprofil wäre dann mit der Situation in den Jahren 1981 und 1982 vergleichbar, wenn der für das Winterhalbjahr 1993/94 prognostizierte Konjunkturaufschwung in den alten Ländern eintritt; denn auch damals wurde eine Konsolidierung der öffentlichen Haushalte in der Rezession eingeleitet, deren hauptsächliche Umsetzung in der ersten Phase des Konjunkturaufschwungs im Jahr 1983 erfolgte. Parallelen zu 1982 ließen sich auch bei der Verbesserung der Angebotsbedingungen feststellen, da auch im Jahr 1993 die Lohnpolitik in den alten Ländern im Vergleich zu den Vorjahren weniger expansiv gewesen ist und die Geldpolitik die sich ergebenden Zinssenkungsspielräume zwar vorsichtig, aber konsequent genutzt hat.

Der finanzpolitische Kurs des Jahres 1993 trägt der zuvor skizzierten Struktur der gesamtwirtschaftlichen Rahmenbedingungen in den alten Ländern insofern Rechnung, als er nachfrageseitig zumindest auf der Ebene des Bundes die „automatischen Stabilisatoren" weitgehend wirken läßt. Erwartungsstabilisierend ist sicherlich zu werten, daß der Bund insbesondere mit einem Haushaltsbegleitgesetz zum Bundeshaushalt 1994 eine primär ausgabeseitige Konsolidierungsstrategie in die Wege geleitet hat. Daneben wurden im Rahmen des „Föderalen Konsolidierungsprogramms" Unsicherheiten über die Höhe und die Bewältigung der einigungsbedingten Belastungen beseitigt, da ab 1995 die Finanzierung eines gesamtdeutschen Finanzausgleichs und der einigungsbedingten Schuldenbestände geregelt ist.

Auch für das Jahr 1994 und die Zeit danach sollte sich in Einklang mit den Untersuchungsergebnissen die finanzpolitische Strategie an der zu erwartenden Struktur der gesamtwirtschaftlichen Rahmenbedingungen orientieren. Bei dieser sind die Nachfrageschwächen insofern zu relativieren, als sich die Weltkonjunkturlage weiter erholen und sich eine konjunkturelle Aufwärtsbewegung in den alten Ländern abzeichnen dürfte. Demgegenüber wird die wirtschaftliche Entwicklung angebotsseitig weiterhin durch das hohe Niveau der Steuer- und Abgabenquote und erwartungsseitig durch die noch vorhandenen Zweifel des privaten Sektors an der Glaubwürdigkeit der mittelfristigen Konsolidierungsstrategie belastet. Dementsprechend muß die Finanzpolitik in diesem, wie in den kommenden Jahren weitere überzeugende ausgabeseitige Konsolidierungsschritte nicht nur beim Bund, sondern auch bei Ländern und Gemeinden folgen lassen. Dies umso mehr, als angesichts eines noch nicht selbsttragenden Umstrukturierungsprozesses in den neuen Ländern der öffentliche Transfer dorthin weiterhin hoch bleiben wird. Auch muß einem zu starken Anstieg der Zinslastquoten insbesondere beim Bundeshaushalt begegnet werden, um den haushaltspolitischen Handlungsspielraum nicht allzu stark einzuengen. Mit einer mittelfristigen Konsolidierungsstrategie würden in der zweiten Hälfte der neunziger Jahre gleichzeitig Freiräume für Steuersenkungen insbesondere auch im Unternehmensbereich geschaffen, die zur Verbesserung der Angebotsbedingungen notwendig sind.

Literaturverzeichnis

Albeck, H. (1986): Stabilitätsorientierte Finanzpolitik. Der Rat der Weisen, in: Kuhn, H. (Hrsg.), Probleme der Stabilitätspolitik, Festgabe zum 60. Geburtstag von N. Kloten, Göttingen, S. 9-40.

Apeloig, S./*Gerstenberger*, W. (1983): Investitionstätigkeit 1983 noch im Schatten der Rezession. Die neuen Ergebnisse des ifo-Investitionstests im Verarbeitenden Gewerbe, in: ifo-Schnelldienst, Heft 19-20, S. 3-11.

Arbeitsgemeinschaft deutscher wirtschaftswissenschaftlicher Forschungsinstitute (1982): Die Lage der Weltwirtschaft und der westdeutschen Wirtschaft im Herbst 1982, in: DIW-Wochenbericht, Heft 43-44, S. 531-550.

— (1983): Die Lage der Weltwirtschaft und der westdeutschen Wirtschaft im Herbst 1983, in: DIW-Wochenbericht, Heft 18-19, S. 239-260.

Assenmacher, W. (1984): Lehrbuch der Konjunkturtheorie, München und Wien.

Badura, J. (1975): Time lags der Geldpolitik, in: WiSt, Heft 12, S. 557-564.

Basler, H.-P. (1987): Brauchen wir eine Konjunkturtheorie, in: Wirtschaftsdienst, Heft 2, S. 102-108.

Biehl, D. u.a. (1978): Konjunkturelle Wirkungen öffentlicher Haushalte, Tübingen.

Blang, H.-G./*Schöler*, K. (1987): Rationalität der Preiserwartungen deutscher Unternehmen, Hamburg.

Bockelmann, H. (1980): Die Zinsbildung am Geldmarkt, in: Kredit und Kapital, Heft 3, S. 339-348.

Bombach, G. (1986): Angebots- oder nachfrageseitige Störungen als Ursache der gegenwärtigen Wachstums- und Beschäftigungsprobleme?, in: Krupp, H.-J. u.a. (Hrsg.), Wege zur Vollbeschäftigung, Freiburg, S. 78-90.

Buhbe, M. u.a. (1984): Krisenverschärfung durch Angebotspolitik. Zur Kritik der wirtschaftspolitischen Konzeption des Sachverständigenrats, Köln.

Bundesministerium für Wirtschaft (Hrsg., 1983): Konjunkturpolitik — neu betrachtet, Gutachten des Wissenschaftlichen Beirats beim Bundesministerium für Wirtschaft, Bonn.

Bundesministerium der Finanzen (Hrsg; 1991): Gutachten der Kommission zur Verbesserung der steuerlichen Rahmenbedingungen für Investitionen und Arbeitplätze, Bonn.

Caspers, R. (1982): Wo ist der Aufschwung geblieben?, in: Wirtschaftsdienst, Heft 10, S. 488-497.

Deutsche Bundesbank (Hrsg; 1981): Der Einfluß des zweiten Ölpreisschocks auf die Wirtschaft der Bundesrepublik Deutschland (eine ökonometrische Untersuchung), in: Monatsberichte der Deutschen Bundesbank, Nr. 4, S. 3-7.

— (Hrsg., 1982): Struktur und Eigenschaften einer neuen Version des ökonometrischen Modells der Deutschen Bundesbank, in: Monatsberichte der Deutschen Bundesbank, Nr. 8, S. 32-41.

— (Hrsg., 1983): Entwicklung der Kommunalfinanzen seit Beginn der achtziger Jahre, in:

Monatsberichte der Deutschen Bundesbank, Nr. 11, S. 26-33.
— (1989): Geldpolitische Aufgaben und Instrumente, 5. Aufl., Sonderdrucke der Deutschen Bundesbank, Nr. 7, Frankfurt.
— (Hrsg., 1992): Zum Zusammenhang zwischen Geldmengen- und Preisentwicklung in der Bundesrepublik Deutschland, in: Monatsberichte der Deutschen Bundesbank, Nr. 1, S. 20-29.
Dickertmann, D. (1982): Können Bundesbank-Gewinne problemlos zur Deckung von Haushaltsdefiziten verwendet werden?, in: Ehrlicher, W./Simmert, D.B. (Hrsg.), Geld- und Währungspolitik in der Bundesrepublik Deutschland, Beihefte zu Kredit und Kapital, Heft 7, Berlin, S. 259-298.
Dieckheuer, G. (1980): Der crowding-out-Effekt. Zum gegenwärtigen Stand von Theorie und Empirie, in: Vierteljahreshefte zur Wirtschaftsforschung, Heft 2, S. 126-147.
Duwendag, D. (1983): Staatsverschuldung — Notwendigkeit und Gefahren, Baden-Baden.
Ehrlicher, W. (1976): Strukturelle Fehlentwicklungen in der Wirtschaft der Bundesrepublik Deutschland, in: Kredit und Kapital, Heft 1, S. 1-23.
— (1979): Grenzen der Staatsverschuldung, in: Bohley, P./Tolkemitt, G. (Hrsg.), Wirtschaftswissenschaft als Grundlage staatlichen Handelns, Heinz Haller zum 65. Geburtstag, Tübingen, S. 27-46.
— (1981): Die Bedeutung der Geldentwertung für den Kapitalmarkt, in: Bruns, G./Häuser, K. (Hrsg.), 30 Jahre Kapitalmarkt in der Bundesrepublik Deutschland, Schriftenreihe des Instituts für Kapitalmarktforschung, Nr. 22, Frankfurt.
— (1984): Monetarismus und Keynesianismus in der "Neuen Geldpolitik", in: Kredit und Kapital, Heft 1, S. 1-17.
— (1988a): Die Geld-, Finanz- und Einkommenspolitik im volkswirtschaftlichen Systemzusammenhang, in: Kredit und Kapital, Heft 2, S. 163-181.
— (1988b): Wandlungen in den Konzepten der Geld-, Finanz- und Lohnpolitik 1948-1986, in: Filc, W. u.a. (Hrsg.), Herausforderungen der Wirtschaftspolitik, Festschrift zum 60. Geburtstag von C. Köhler, Berlin, S. 315-336.
Emminger, O. (1984): Deutsche Geldpolitik im Zeichen des Monetarismus, in: Hampe, P. (Hrsg.), Friedman contra Keynes. Zur Kontroverse über die Konjunktur- und Beschäftigungspolitik, München, S. 43-66.
Enke, H. u.a. (1984): Struktur, Konjunktur und Wirtschaftswachstum. Eine Bestandsaufnahme übergreifender Ansätze, Tübingen.
Felderer, B./ *Homburg*, S. (1984): Makroökonomik und neue Makroökonomik, Berlin u.a.
Feldsieper, M. (1977): Konzepte zur Messung konjunktureller Impulse öffentlicher Haushalte, in: Pfohl, H.-C./Rürup, B. (Hrsg.), Wirtschaftliche Meßprobleme, Köln, S. 301-316.
— (1978): Artikel 'Indikatoren I: konjunkturelle', in: Handwörterbuch der Wirtschaftswissenschaften, Bd. 4, hrsg. von Albers, W. u.a., Stuttgart u.a., S. 109-119.
Flassbeck, H./*Vesper*, D. (1986): Konjunkturzyklus, Beschäftigung und Inflation — Bemerkungen zu alternativen wirtschaftspolitischen Strategien, in: Krupp, H.-J. u.a. (Hrsg.), Wege zur Vollbeschäftigung, Freiburg, S. 124-146.
Fotiadis, F. u.a. (1980): Konsum- und Investitionsverhalten in der Bundesrepublik seit den fünfziger Jahren, Bd. I: Bestimmungsgründe des Konsumverhaltens, Berlin.
Francke, H.-H. (1982): Konsistenzprobleme der Geld- und Finanzpolitik in den siebziger

Jahren, in: Ehrlicher, W./Simmert, D.B. (Hrsg.), Geld- und Währungspolitik in der Bundesrepublik Deutschland, Beihefte zu Kredit und Kapital, Heft 7, Berlin, S. 231-243.

Friedrich, H. (1983): Grundkonzeptionen der Stabilisierungspolitik, Eine problemorientierte Einführung, Opladen.

Fürst, G. (1975): Zur Definition und historischen Entwicklung der Konjunktur-Indikatoren, in: Fürst, G. (Hrsg.), Konjunktur-Indikatoren, Sonderhefte zum Allgemeinen Statistischen Archiv, Heft 7, Göttingen.

Geiger, H. (1985): Geldpolitik, Finanzpolitik und gesamtwirtschaftliche Entwicklung in der Bundesrepublik Deutschland, in: Cansier, D./Kath, D. (Hrsg.), Öffentliche Finanzen, Kredit und Kapital, Festschrift für W. Ehrlicher zur Vollendung des 65. Lebensjahres, Berlin, S. 443-457.

Gerfin, H. (1984): Keynesianismus in der Krise?, in: Hampe, P. (Hrsg.), Friedman contra Keynes, Zur Kontroverse über die Konjunktur und Beschäftigungspolitik, München, S. 107-131.

— (1985): Bundesbankpolitik, monetäre Entwicklung und Erwartungsbildung. Einige empirische Befunde, in: Milde, H./Monissen, H.G. (Hrsg.), Rationale Wirtschaftspolitik in komplexen Gesellschaften, G. Gäfgen zum 60. Geburtstag, Stuttgart u.a., S. 240-253.

Gerstenberger, W. (1983): Investitionsbedarf in der Bundesrepublik in den achtziger Jahren, in: Kapital und Wachstum in den achtziger Jahren, Beihefte der Konjunkturpolitik, Heft 30, Berlin, S. 81-93 u. S. 94-99.

Giersch, H. (1977): Konjunktur- und Wachstumspolitik in der offenen Wirtschaft, Allgemeine Wirtschaftspolitik, Bd. 2, Wiesbaden.

Glastetter, W. (1982): Hintergründe einer wirtschaftspolitischen Kontroverse. Zur wirtschaftlichen Lage 1982, in: Wirtschaftsdienst, Heft 10, S. 481-488.

Glastetter, W./*Paulert*, R./*Spörel*, U. (1983): Die wirtschaftliche Entwicklung in der Bundesrepublik Deutschland 1950-1980. Befunde, Aspekte, Hintergründe, Frankfurt und New York.

Grunwald, J.-G. (1979): Die Möglichkeiten zur Bestimmung zeitlicher Verzögerungen in der Stabilitätspolitik, Berlin.

Härtel, H.H. (1982): Artikel 'Budgetkonzepte', in: Handwörterbuch der Wirtschaftswissenschaften, Bd. 9, Nachtrag, hrsg. von Albers, W. u.a., Stuttgart u.a., S. 724-735.

Häuser, K. (1982): : Die Geldmarktabhängigkeit des deutschen Kapitalmarktes, in: Ehrlicher, W./Simmert, D.B. (Hrsg.), Geld- und Währungspolitik in der Bundesrepublik Deutschland, Beihefte zu Kredit und Kapital, Heft 7, Berlin, S. 309-318.

Hansmeyer, K.-H. (1985): Die Finanzpolitik der Bundesrepublik Deutschland 1979 bis 1982, in: Finanzarchiv, NF Bd. 43, Heft 1, S. 119-177.

— (1986): Ursachen des Wandels in der Budgetpolitik, in: Häuser, H. (Hrsg.), Budgetpolitik im Wandel, Schriften des Vereins für Socialpolitik, NF Bd. 149, Berlin, S. 11-32.

Heilemann, U. (1983): Zur empirischen Relevanz des crowding-out-Effektes für die Bundesrepublik Deutschland, in: Kapital und Wachstum in den achtziger Jahren, Beihefte der Konjunkturpolitik, Heft 30, Berlin, S. 111-159.

Herr, H./*Spahn*, H.-P. (1989): Staatsverschuldung, Zahlungsbilanz und Wechselkurs: Außenwirtschaftliche Spielräume und Grenzen der Finanzpolitik, Regensburg.

Heubes, J. (1986): Grundzüge der Konjunkturtheorie, München.

Hickel, R./*Priewe*, J. (1985): Ineffiziente Instrumente oder unzureichende Anwendung? Die Finanzpolitik von 1974-1984 auf dem Prüfstand: Argumente für ein Beschäftigungsprogramm, PIW-Studien Nr. 3, Bremen.

Hild, R. (1982): Zur Lage auf dem Pkw-Markt, in: ifo-Schnelldienst, Heft 32, S. 5-9.

Hölterhoff, V. (1981): Wichtige Einflußgrößen auf die gegenwärtige Zinsentwicklung, in: ifo-Schnelldienst, Heft 20, S. 12-20.

Institut für Weltwirtschaft (Hrsg., 1983): Aufschwung nach altem Muster. Thesen zum 28. Kieler Konjunkturgespräch, Kiel.

Irsch, N./*Müller-Kästner*, B. (1982): Das Sonderprogramm 1981/82 der Kreditanstalt für Wiederaufbau, in: WSI-Mitteilungen, Heft 10, S. 620-628.

Jander, S. (1986): Der Einfluß der Geldpolitik auf die Kapitalmarktentwicklung, Berlin.

Jander, S./*Menkhoff*, L./*Palm*, A. (1985): Situationskonsistente Erwartungsstruktur und Geldpolitik in der Bundesrepublik, in: Kredit und Kapital, Heft 2, S. 151-172.

Karrenberg, H./ *Münstermann*, E. (1986): Gemeindefinanzbericht 1986, in: Der Städtetag, Heft 2, S. 75-123.

Ketterer, K.-H. (1975): Probleme der Neo-Quantitätstheorie und der Geldmengenpolitik, Berlin.

Kirchgässner, G. (1986): Überprüfung der Hypothese rationaler Erwartungen anhand von Popularitätsdaten. Eine Untersuchung für die Bundesrepublik Deutschland 1971-1982, in: Zeitschrift für Wirtschafts- und Sozialwissenschaften, Bd. 106, S. 363-386.

Kloten, N. (1983): Zur wirtschaftlichen Lage in der Bundesrepublik, in: Albach, H. u.a., Probleme und Perspektiven der gegenwärtigen Wirtschaftspolitik, Mannheim u.a., S. 69-77.

— (1987): Das Geldmengenziel nicht aufgeben, in: Frankfurter Allgemeine Zeitung vom 05.12.1987, S. 15.

Köhler, C. (1977): Geldwirtschaft, Erster Band: Geldversorgung und Kreditpolitik, 2. Aufl., Berlin.

— (1982): Die Zinspolitik der Deutschen Bundesbank, in: Deutsche Bundesbank, Auszüge aus Presseartikeln, Nummer 2, S. 2-4.

Kromphardt, J. (1977): Wachstum und Konjunktur: Grundlagen ihrer theoretischen Analyse und wirtschaftspolitischen Steuerung, 2. neubearb. Aufl., Göttingen.

— (1982): Die angebotsorientierte Wirtschaftspolitik des Sachverständigenrates (Das Konzept für die achtziger Jahre), in: Vogel, O. (Hrsg.), Wirtschaftspolitik der achtziger Jahre, Leitbilder und Strategien, Köln, S. 79-99.

Krupp, H.-J. (1985): Bisherige Ergebnisse alternativer geld- und finanzpolitischer Strategieansätze in der Bundesrepublik Deutschland, in: Langkau, J./Köhler, C. (Hrsg.), Wirtschaftspolitik und wirtschaftliche Entwicklung, Festschrift für W. Hesselbach zum 70. Geburtstag, Bonn, S. 93-110.

Lachmann, W. (1987): Fiskalpolitik, Berlin u.a.

Leibfritz, W. (1986): Konjunkturreport: Öffentliche Finanzen. Konsolidierung der Staatsfinanzen - Schein oder Wirklichkeit?, in: Wirtschaftskonjunktur, Heft 1, R1-R4.

Leibinger, H.-B. (1985): Fiskalpolitik unter veränderten Rahmenbedingungen, Berlin.

Leibinger, H.-B./*Rohwer*, B. (1985): Internationale Zinsentwicklung und nationale Geldpolitik in den Jahren 1972 bis 1982, in: Francke, H.-H. u.a., Möglichkeiten einer binnenwirtschaftlich orientierten Geldpolitik bei weltweit hohen Zinsen, Berlin, S. 61-100.

Lenk, R. (1977): Eine Kasuistik von Budgetkonzepten, in: ifo-Studien, Heft 1/2, S. 75-123.

— (1979): Zur Schätzung und Beurteilung konjunktureller Wirkungen öffentlicher Haushalte, München.

Mackscheidt, K./*Steinhausen*, J. (1978): Finanzpolitik I. Grundfragen fiskalpolitischer Lenkung, 3. überarb. u. erw. Aufl., Tübingen.

Maier, G. (1983): Hat die Staatsverschuldung die Rezession mit verursacht?, in: Wirtschaftsdienst, Heft 5, S. 255-260.

Menkhoff, L. (1986): Zur Theorie der nicht-monetär verursachten Inflation, Berlin.

Müller, G. (1983): Angebots- und Nachfragepolitik in der Bundesrepublik Deutschland, in: WSI-Mitteilungen, Heft 6, S. 338-343.

— (1985): Konjunkturpolitische Versäumnisse und ihre Folgen, in: WSI-Mitteilungen, Heft 5, S. 254-263.

Müller, R./*Röck*, W. (1985): Konjunktur- und Stabilisierungspolitik. Theoretische Grundlagen und wirtschaftspolitische Konzepte, 3. Aufl., Stuttgart u.a.

Muscheid, J. (1986): Die Steuerpolitik in der Bundesrepublik Deutschland 1949-1982, Berlin.

Nemitz, K. (1980): Aspekte der Geldmarktsteuerung, in: Kredit und Kapital, Heft 3, S. 323-338.

Neumann, F. (1988): Nachlassendes Wachstum der Industrieinvestitionen. Die neuen Ergebnisse des ifo-Investitionstests im Verarbeitenden Gewerbe, in: ifo-Schnelldienst, Heft 17, S. 4-16.

Nölling, W. (1986): Zur Wirtschaftspolitik in der Bundesrepublik Deutschland seit 1982 (Ansprüche - Realitäten - Perspektiven), in: Körner, H./Uhlig, C. (Hrsg.), Die Zukunft der Globalsteuerung, K. Schiller zum 75. Geburtstag gewidmet, Bern u.a., S. 45-74.

Oberhauser, A. (1985): Das Schuldenparadox, in: Jahrbücher für Nationalökonomie und Statistik, Bd. 200, S. 333-348.

Pätzold, J. (1985): Stabilisierungspolitik. Grundlagen der nachfrage- und angebotsorientierten Wirtschaftspolitik, Bern u.a.

Pohl, Reinhard (1981): Staatsverschuldung, Inflation und Wachstumsschwäche, in: DIW-Wochenbericht, Heft 27, S. 305-312.

— (1983): Nach wie vor gibt es zu einer mittelfristig orientierten Geldpolitik keine Alternative, in: DIW-Wochenbericht, Heft 27, S. 347-355.

— (1984): Muß der deutsche Zins im Schlepptau Amerikas bleiben?, in: DIW-Wochenbericht, Heft 13, S. 149-158.

— (1985): Effizienz der Geldpolitik bei beweglichen Wechselkursen, in: Filc, W./Köhler, C. (Hrsg.), Stabilisierung des Währungssystems, Berlin, S. 107-133.

Pohl, Rüdiger(1987): Brauchen wir eine neue geldpolitische Konzeption?, in: Wirtschaftsdienst, Heft 7, S. 339-345.

Poser, G. (1977): Konjunkturindikatoren, in: Pfohl, H.-C./Rürup, B. (Hrsg.), Wirtschaftliche Meßprobleme, Köln, S. 211-231.

Rohde, A. (1983): Ist der geldpolitische Kurs der Deutschen Bundesbank noch potentialorientiert?, in: Wirtschaftsdienst, Heft 1, S. 40-44.

Rohwer, B. (1982): Beschäftigungspolitik bei anhaltend geringem Wirtschaftswachstum, Berlin.

— (1983): Strukturelles Defizit und Konsolidierungsbedarf, in: ifo-Studien, Heft 4, S. 299-318.

— (1986a): Der Konjunkturaufschwung 1983-1986 - ein Erfolg des wirtschaftspolitischen Kurswechsels der christlich-liberalen Koalition?, in: Konjunkturpolitik, Heft 6, S. 325-348.

— (1986b): Spielräume einer stärker expansiven Finanzpolitik, in: Krupp, H.-J. u.a. (Hrsg.), Wege zur Vollbeschäftigung, Freiburg, S. 148-167.

— (1988): Konjunktur und Wachstum, Theorie und Empirie der Produktionsentwicklung in der Bundesrepublik Deutschland seit 1950, Berlin.

Sachverständigenrat zur Begutachtung der gesamtwirtschaftlichen Entwicklung (1968): Jahresgutachten 1968/69, Stuttgart und Mainz.

— (1969): Jahresgutachten 1969/70, Stuttgart und Mainz.

— (1975): Jahresgutachten 1975, Stuttgart und Mainz.

— (1976): Jahresgutachten 1976/77, Stuttgart und Mainz.

— (1978): Jahresgutachten 1978/79, Stuttgart und Mainz.

— (1980): Jahresgutachten 1980/81, Stuttgart und Mainz.

— (1981): Jahresgutachten 1981/82, Stuttgart und Mainz.

— (1982): Jahresgutachten 1982/83, Stuttgart und Mainz.

— (1983): Jahresgutachten 1983/84, Stuttgart und Mainz.

— (1985): Jahresgutachten 1985/86, Stuttgart und Mainz.

— (1986): Jahresgutachten 1986/87, Stuttgart und Mainz.

— (1987): Jahresgutachten 1987/88, Stuttgart und Mainz.

Sarrazin, T. (1983): Die Finanzpolitik des Bundes 1970 bis 1982. Eine kritische Würdigung, in: Finanzarchiv, NF Bd. 41, Heft 3, S. 373-387.

Schäfer, C. (1982): Verteilungs- und Beschäftigungswirkungen von Operation '82, Gemeinschaftsinitiative und Operation '83, in: WSI-Mitteilungen, Heft 10, S. 579-587.

Scherf, H. (1986): Enttäuschte Hoffnungen - vergebene Chancen. Die Wirtschaftspolitik der Sozial-Liberalen Koalition 1969-1982, Göttingen und Zürich.

Schiller, K. (1983): Aktuelle Fragen der Wirtschaftspolitik, in: Wirtschaftsdienst, Heft 3, S. 116-121.

Schlesinger, H. (1985): Zehn Jahre Geldpolitik mit einem Geldmengenziel, in: Gebauer, W. (Hrsg.): Öffentlichen Finanzen und monetäre Ökonomie, Festschrift für K. Häuser zur Vollendung des 65. Lebensjahres, Frankfurt, S. 123-147.

Schüler, M. (1985): Das Sonderprogramm der Kreditanstalt für Wiederaufbau 1981/82, in: Schmidt, H./Hesselbach, W. (Hrsg.), Kämpfer ohne Pathos, Festschrift für Hans Matthöfer zum 60. Geburtstag, Bonn, S. 214-221.

Sherman, H.C./*Langmantel*, E./*Schuhmair*, E. (1986): Der Einfluß staatlicher Budgetdefizite auf die Zinsentwicklung der Bundesrepublik Deutschland und den Vereinigten Staaten, ifo-Studien zur Finanzpolitik, Nr. 39, München.

Siebert,H. (1986): Die Auswirkungen sinkender Ölpreise, in: Wirtschaftsdienst, Heft 4, S. 203-207.

Sievert, O. (1979): Die Steuerbarkeit der Konjunktur durch den Staat, in: Weizsäcker, C.C. v. (Hrsg.), Staat und Wirtschaft, Schriften des Vereins für Socialpolitik, NF Bd. 102, Berlin, S. 809-846.

— (1984): Angebotsorientierte Wirtschaftspolitik in der Bundesrepublik Deutschland, in: List Forum, Bd. 12, S. 382-411.

Simmert, D.B. (1985): Privater Konsum: Treibstoff des Wachstums, in: Deutsche Bundesbank, Auszüge aus Presseartikeln, Nr. 37, S. 4-5.

Sperber, H./ *Sprink*, J. (1990): Geldmengenpolitik auf dem Prüfstand, in: Wirtschaftsdienst, Heft 1, S. 37-42.

Sprenger, R.-U./*Knödgen*, G. (1983): Struktur und Entwicklung der Umweltschutzindustrie in der Bundesrepublik Deutschland, Berichte 9/83 des Umweltbundesamtes, Berlin.

Städtler, A. (1985): Investitionszulage dämpfte den Beschäftigungsrückgang, in: ifo-Schnelldienst, Heft 3, S. 7-12.

Stobbe, A. (1976): Volkswirtschaftslehre I, Volkswirtschaftliches Rechnugswesen, 4. Aufl., Berlin u.a.

Strigel, W.H. (1985): Das Geschäftsklima als Konjunkturindikator — eine Retrospektive, in: ifo-Studien, Heft 1, S. 29-68.

Süsser, H.-G. (1985): Lehren aus den Konjunkturzyklen der Vergangenheit, in: Wirtschaftsdienst, Heft 8, S. 389-398.

Suntum, U. (1985): Die Diskussion um die Bundesbankgewinne — Eine Zwischenbilanz aus geldtheoretischer und ordnungspolitischer Sicht, in: List Forum, Bd. 13, S. 83-100.

Teichmann, D./*Vesper*,D. (1981): Finanzpolitik verschärft Lage am Arbeitsmarkt. Zur Entwicklung der öffentlichen Haushalte 1981/82, in: DIW-Wochenbericht, Heft 47, S. 543-551.

— (1982): Trotz Sparmaßnahmen kein Defizitabbau. Zur Entwicklung der öffentlichen Haushalte 1982/83, in: DIW-Wochenbericht, Heft 38, S. 471-482.

— (1983): Restriktionspolitik behindert wirtschaftliche Erholung. Zur Entwicklung der öffentlichen Haushalte 1983/84, in: DIW-Wochenbericht, Heft 38, S. 463-472.

— (1984): Defizitabbau behält Vorrang. Zur Entwicklung der öffentlichen Haushalte 1984/85, in: DIW-Wochenbericht, Heft 39, S. 487-496.

— (1986): Öffentliche Haushalte 1986/87: Stetig, aber nicht wachstums- und beschäftigungsfördernd, in: DIW-Wochenbericht, Heft 35, S. 437-446.

Teichmann, U. (1982): Grundriß der Konjunkturpolitik, 3. Aufl., München.

Tewes, T. (1982): Kreditfinanzierte Staatsausgaben und private wirtschaftliche Aktivitäten in der Bundesrepublik Deutschland, in: Die Weltwirtschaft, Heft 1, S. 47-63.

Tichy, G.J. (1976): Konjunkturschwankungen. Theorie, Messung, Prognose, Berlin u.a.

Tomann, H. (1982): Bundesbank, Leistungsbilanz und Staatsverschuldung, in: Konjunkturpolitik, Heft 5, S. 275-297.

— (1986): Attentismus der Investoren und Lohnpolitik, in: ders. (Hrsg.): Wirtschaftspolitische Antworten auf die Stagnation, Essays zu Ehren von B. Filusch, Berlin, S. 77-102.

Vesper, D. (1985): Was könnte „Nachfragepolitik" heute leisten? — Einige Bemerkungen zu einer ungeliebten Strategie, in: Buttler u.a. (Hrsg.), Staat und Beschäftigung, Angebots- und Nachfragepolitik in Theorie und Praxis, Nürnberg, S. 9-44.

— (1987): Öffentliche Haushalte 1987/88: Beschleunigter Anstieg der Finanzierungsdefizite, in: DIW-Wochenbericht, Heft 35, S. 469-476.

Vesper, D./*Zwiener*, R. (1982): Finanzpolitik und konjunkturelle Entwicklung - Einige Bemerkungen und Simulationsergebnisse zur Effizienz finanzpolitischer Konjunktursteuerung, in: WSI-Mitteilungen, Heft 10, S. 587-596.

Vogler, K.A. (1977): Die „Geschäftslage" als Ertrags- und Nachfrageindikator, in: ifo-Schnelldienst, Heft 15, S. 7-14.

Vosgerau, H.-J. (1978): Artikel 'Konjunkturtheorie', in: Handwörterbuch der Wirtschaftswissenschaften, Bd. 4, hrsg. von Albers, W. u.a., Stuttgart u.a., S. 478-507.

Wagner, H. (1981): Wirtschaftspolitik im Lichte rationaler Erwartungen, in: Konjunkturpolitik, Heft 1, S. 1-11.

Wenke, M. (1990): Zur Bedeutung des privaten Verbrauchs und seiner Komponenten für die Konjunkturschwankungen seit dem Beginn der sech-ziger Jahre, in: RWI-Mitteilungen, Heft 3, S. 205-230.

— (1991): Konsumklima und Ausgabeverhalten der privaten Haushalte - Zur Relevanz von Konsumentenstimmungen für die Erklärung der gesamtwirtschaftlichen Konsumnachfrage, in: RWI-Mitteilungen, Heft 2, S. 157-175.

Wieners, K. (1983): Der Einfluß des Zinses auf Kapitalangebot und Kapitalnachfrage, in: Kapital und Wachstum in den achtziger Jahren, Beihefte der Konjunkturpolitik, Heft 30, Berlin, S. 101-110 u. S. 146-159.

Statistische Veröffentlichungen

Der Bundesminister für Arbeit und Sozialordnung (1989): Statistisches Taschenbuch 1989, Bonn.

Deutsche Bundesbank: Monatsberichte, lfd. Jgg.

— Statistische Beihefte zu den Monatsberichten, Reihe 4: Saisonbereinigte Wirtschaftszahlen, Reihe 5: Die Währungen der Welt, jeweils lfd. Jgg.

— Geschäftsberichte für das Jahr 1980/1981/1982/1983, Frankfurt.

Deutsches Institut für Wirtschaftsforschung (1986): Lange Reihen der vierteljährlichen volkswirtschaftlichen Gesamtrechnung für die Bundesrepublik Deutschland, Ausgewählte Ursprungswerte und saisonbereinigte Daten von I/1970-I/1986, Berlin.

Finanzbericht (1980 ff.): Finanzbericht für das Jahr 1981ff., hrsg. vom Bundesministerium der Finanzen, Bonn.

ifo-Institut für Wirtschaftsforschung: ifo-Schnelldienst, lfd. Jgg.

— ifo Spiegel der Wirtschaft, lfd. Jgg.

Institut der deutschen Wirtschaft: Zahlen zur wirtschaftlichen Entwicklung der Bundesrepublik Deutschland, lfd. Jgg.

Institut „Finanzen und Steuern" (1986): Entwicklung wesentlicher Daten der öffentlichen Finanzwirtschaft in der Bundesrepublik Deutschland von 1975-1985, Brief Nr. 260, Bonn.

Statistisches Bundesamt: Statistisches Jahrbuch für die Bundesrepublik Deutschland, lfd. Jgg.

— Volkswirtschaftliche Gesamtrechnungen, Fachserie 18, Reihe 1, Konten und Standardtabellen, lfd. Jgg.

FSC
www.fsc.org
MIX
Papier | Fördert
gute Waldnutzung
FSC® C083411

Kolibri 360 GmbH
Ferdinand-Jühlke-Straße 7
99095 Erfurt, Deutschland
produktsicherheit@kolibri360.de

Druck:
CPI Druckdienstleistungen GmbH
im Auftrag der
Kolibri 360 GmbH
Ferdinand-Jühlke-Str. 7
99095 Erfurt